もくじ

国《こく》語《ご》

②年生 後期《こうき》

おまけ　もくじ

国《こく》語《ご》

「ナゾトキ☆クエスト」　もくじ

にんじゅつしゅぎょう
中の　レイナ…。
手《て》紙《がみ》…!?

「ナゾトキ☆クエスト」も
はじまるよ！　⑲ページからだよ。

レイナちゃん

2年生　後期の勉強

ここがポイントです

算　数

◎「かけ算」

かけ算は、２年生で最も大事な単元です。各段のかけ算作りを通して、かけ算の意味をしっかりつかませます。その後は、九九を唱える練習を繰り返し練習させ、正確に速くできるようにさせましょう。一つの段を10秒ではっきり唱えることができれば、第１段階クリアです。100ます計算でたくさん練習すれば、計算力が伸びるでしょう。

◎10000までの数

４位数までの数の十進位取り記数法（10集まると次の位に繰り上がる）という仕組みを図で示したり、数を書かせたりして理解させます。10000はふれる程度です。

◎「三角形と四角形」

「３本の直線で囲まれた形を三角形という」と三角形の定義の学習や、直角三角形・正方形・長方形など特別な形についての性質なども学習します。

また、「へん」「ちょう点」など算数の時間でしか使わないようなことばも学習し、中学年の算数に近づいていきます。

国　語

◎文のしくみ

文を「主語・述語・目的語」といった構造に目を向けたとらえ方をさせ、正しい日本語の構造を理解し、正しく書ける力を養います。また、名詞をくわしくすることば（修飾語）や文をつなぐことば（接続語）についても学習し、自分でも作文に活かす力を養います。

◎読みとり

（　）を埋めていくと解答ができあがるような、基礎的な解き方の力を養う問題を出題しています。また、「どのようにして」「どんなようすですか」などと、文をよく読み理解して解答するような問いもあります。

基礎から段階を追って、読解力がつけられるように問題設定しました。

◎漢字

身近なことがらを扱った漢字文で、生きた漢字の使用例を学びながら、練習できるようにしています。また、まちがいやすい字形や送り仮名・筆順についても注意を喚起するようにしています。

家庭学習でつける力

低学年でもっとも大切なのは、基礎基本の学力と学習習慣の確立です。

陰山 英男

①「三つの気」を育てよう

家庭の第一の役割は、「子どもを**元気**にする」ことです。

元気な子どもは、活発です。好奇心に満ちあふれています。**やる気**があるのです。

元気な子どもは、少しの失敗を気にしません。**根気**があるからやり直しができるのです。

お母さん、お父さんに「うちの子、勉強のほうはいま一つだなあ」とご相談を受けたとして、元気、やる気、根気の「三つの気」があるお子さんなら、基本的に心配いりません、と私は申しあげるでしょう。

しかしこの「三つの気」は、放っておいて子どもたちが勝手に手に入れられるものではありません。

●早寝・早起き・朝ご飯

まず、元気が出る生活習慣にしましょう。

ずばり早寝・早起き・朝ご飯です。

私は、これまで教師として子どもたちと早寝・早起き・朝ご飯の生活づくりに取り組んできました。私はいくつもの学校に勤めてきましたが、学校にこられる方はみなさん「子どもたちは、みんな元気ですね」と口を揃えて言ってくださいます。

低学年なら、夜は９時半までに就寝し、朝は６時半には起き、朝ご飯を必ず食べる。一昔前の子どもたちが、当たり前のようにしていた生活をすることで、子どもたちは本当に活発になります。活動的になるということは集中力が高まることでもあります。血の巡りがよくなるわけですから、学習面でもそれだけ効率があがります。

●一人にさせないで

学習やスポーツなど、やる気・根気を育む場面はいくつもあります。共通するのは、親なり指導者なりが子どもを励まし続けることと、子どもが一人でするのではなく一緒にする誰かがいることです。

家庭では親が、学校では教師と友だちが周りにいて、互いに気にかけ励まし合いながら取り組むことでやる気と根気が育っていきます。生を受けて10年にならない子どもたちです。弱い存在なのです。一人では育ちません。私が低学年の子どもの家庭学習をリビングですることをおすすめする理由もそこにあります。

②家庭学習で育てるやる気と根気

●親は子どもの勉強仲間に

私の師匠である故岸本裕史先生は、「夕飯

のしたくのとき、音読を聞いてやってね、“え～○○ちゃん、そんな難しい漢字を習ったの。すごいね、お父さんが帰ってきたら、あなたがどんなに賢くなったか教えてあげよう”こんなふうに子どもに声をかけてやってください」とお母さんたちにいつも話していました。

忙しい毎日でしょう。でも工夫しだいで親は子どもの勉強仲間になれます。不在がちのお父さんもお子さんの勉強仲間になってください。

●やさしいことを短時間、継続して

あるときから私は、100マス計算を何日間かずつ同じ問題でするようになりました。毎日させたいが、違う問題を作成する時間がない日が続いた、そんな理由からでした。このとき私は、スピードは上がるが計算力はつかないだろう、でも毎日することに意味があると考えていました。ところがある日、計算テストをして驚きました。子どもたちの計算力が上がっていたのです。

同じ問題であっても毎日タイムが上がってほめられ、子どもは意欲と自信をつけていた、それが計算力アップにつながったのでした。

●家庭学習で大切なこと

この『勉強したくなるプリント』は、小学１年生・２年生・３年生という時期に、基礎基本の学力と学習習慣を身につけるためのプリントです。

基礎基本の内容は、漢字や計算力のように、学年が上がってどんなに難しい学習になっても必要とされる力です。

そして、基本問題のくり返し学習は、子どもの中に自信を育み、学習へのやる気と根気を育てることができます。

このプリント集の問題は、

- やさしい問題を
- 毎日する
- 最後までする

の工夫をしました。わからないときは答えを見たり、写したりしてもよいのです。最後までやりきることを大切にして、学力と家庭学習の習慣をつけられるようにしています。

一度にたくさん、長時間する必要はありません。朝起きて顔を洗うように家庭での勉強の習慣をつけることを大事にしましょう。低学年はまずそこから始めましょう。

以下２年生で獲得したい基礎学力です。

㋐配当漢字のすべてが読め、８割の漢字を書くことができる。
㋑時間を追って、経験を話すことができる。
㋒九九がよどみなく言える。
㋓100マス計算（たし算・ひき算・かけ算）がそれぞれ３分以内にできる。
㋔定規を使って、筆算をきれいに書きながら計算できる。
㋕決められた長さの直線を引くことができる。

陰山英男（かげやま　ひでお）　陰山ラボ代表。一般財団法人基礎力財団理事長。教育クリエイターとして「陰山メソッド」の普及につとめ、教育アドバイザーとして子どもたちの学力向上で成果をあげている。文部科学省中央教育審議会初等中等教育分科会教育課程部会委員、内閣官房教育再生会議委員、大阪府教育委員会委員長などを歴任。2006年４月から2016年まで立命館大学教授。

親子《おやこ》でつけよう！

★日にちを記入《きにゅう》してつかってね。
★できたら一つ10点《てん》です。

10日間 100点《てん》 生活《せいかつ》づくり表《ひょう》

がんばること	月	火	水	木	金	月	火	水	木	金
① 早《はや》おきする。(□時《じ》□分《ふん》までに)										
② 朝《あさ》ごはんを食《た》べる。										
③ あいさつやへんじをする。										
④ おてつだいをする。										
⑤ べん強《きょう》(しゅくだい)をする。(20分～40分)										
⑥ 明日《あす》の学校の用いをする。										
⑦ テレビやゲームは1時間《じかん》まで										
⑧ 朝《あさ》ばんはみがきをする。										
⑨ 読書《どくしょ》(読み聞かせ)をする。										
⑩ 早くねる。(9:30までに)										
今日《きょう》は何点《なんてん》？										

生活リズムは学力アップの土台です

2年生後半に入りました。夏休みも過ぎ、お子さんの生活リズムは戻っていますか？一度見直してみましょう。前期の生活づくり表より項目を増やしました。

親子で話し合いながら楽しく取り組んでください。お手伝いは、ご飯炊き、風呂の準備のような家の中の大切な仕事で、少し難しいことにも挑戦させましょう。

勉強《べんきょう》 したくなる　算数《さんすう》・国語《こくご》プリント

小学❷年生 後期《こうき》

算《さん》数《すう》

❷年生 後期 こうき

算《さん》数《すう》

「ナゾトキ☆クエスト」　もくじ

にんじゅつしゅぎょう
中の　リオ…。
リオ、
がんばるのじゃよ。
ししょう

「ナゾトキ☆クエスト」も
はじまるよ！ ㊾ページからだよ。

リオくん
ししょう

たし算《ざん》の ひっ算《さん》 1

べんきょうしたのは　月　日
おわったら色《いろ》ぬりしよう

つぎの 計算《けいさん》を ひっ算《さん》で しましょう。

① 26＋75

	2	6
＋	7	5
	1	

一のくらいが
くり上がります。
くり上がりの 「1」と
十のくらいの たし算《ざん》で
百のくらいに くり上がります。

② 18＋84

③ 85＋18

④ 59＋45

⑤ 47＋58

⑥ 66＋39

⑦ 34＋68

おうちの方へ

一の位のくり上がりで、十の位もくり上がります。くり上がりを忘れると答えが2けたになってしまいます。

二年生の かん字 1

左の お手本を 見て 右に 書《か》きましょう。つぎに、左の お手本を なぞりましょう。

べんきょうしたのは　月　日

おわったら 色《いろ》ぬりしよう

首　シュ　くび　（九画）

- 首位《しゅ い》（位は4年）
- 手首《て くび》

秋　シュウ　あき

- 秋分《しゅう ぶん》の日《ひ》

春　シュン　はる

- 立春《りっ しゅん》

- 春先《はる さき》

・首位《しゅい》…トップ。
・春先《はるさき》…春《はる》のはじめ。
・秋分《しゅうぶん》の日…九月二十三日ごろ。
・立春《りっしゅん》…せつ分《ぶん》のつぎの日。

食　ショク　た-べる　く-う

- 食事《しょく じ》（事は3年）

- 食後《しょく ご》

星　セイ　ほし

- 火星《か せい》

- 星空《ほし ぞら》

前　ゼン　まえ

- 午前《ご ぜん》
- 前後《ぜん ご》

おうちの方へ

上の漢字を使った言葉→「百人一首」「秋風」「秋空」「朝食」「昼食」「前日」「前売り」など。
参考→春分の日（3月21日ごろ）・秋分の日は昼と夜の長さが同じになる日です。

春 ←2本目の下から分かれる　「三人の日」と覚えましょう

前 ○×　はらわない

【7ページの答《こた》え】①101　②102　③103　④104　⑤105　⑥105　⑦102

たし算《さん》の ひっ算《さん》 2

べんきょうしたのは　月　日
おわったら色《いろ》ぬりしよう

つぎの 計算《けいさん》を ひっ算《さん》で しましょう。

① 97＋8

	9	7
＋		8
	1	

一のくらいが
くり上がります。
くり上がりの 「1」と
「9」で 百のくらいに
くり上がります。

② 98＋6

③ 92＋8

④ 96＋7

⑤ 4＋99

⑥ 7＋97

⑦ 9＋93

● おうちの方へ ●

十の位が9の計算を集めました。一の位のくり上がりの小さい1（補助数字）をしっかり書くようにさせましょう。

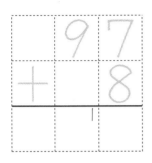

二年生の かん字 2

左の お手本を 見て 右に 書《か》きましょう。つぎに、左の お手本を なぞりましょう。

べんきょうしたのは 月 日

茶 チャ （九画）

番《ばん》 番
茶《ちゃ》

茶《ちゃ》
色《いろ》

昼 チュウ ひる

昼《ちゅう》
夜《や》
昼《ひる》
間《ま》 間

点 テン

同《どう》
点《てん》

点《てん》
火《か》

・番茶《ばんちゃ》…つみのこりのはっぱで作《つく》ったそまつなお茶《ちゃ》。

南 ナン みなみ

南《なん》
国《ごく》
南《みなみ》
風《かぜ》 風

風 フウ かぜ かざ

風《ふう》
車《しゃ》

北《きた》
風《かぜ》

夏 カ なつ （十画）

初《しょ》 初 （4年）
夏《か》

真《ま》 真 （3年）
夏《なつ》

・初夏《しょか》…夏《なつ》のはじめ。

おわったら 色《いろ》ぬりしよう

おうちの方へ

上の漢字を使った言葉→「茶店（ちゃみせ）」「昼下がり」「地点」「南口」「風雨」「夏日（なつび）」など。「風車」は「かざぐるま」とも読みます。参考→「番茶も出ばな」：そまつなお茶も出はじめはおいしい、という意味です。

風（几） →なだらかに ×まげ

【9ページの答《こた》え】①105 ②104 ③100 ④103 ⑤103 ⑥104 ⑦102

たし算《ざん》の ひっ算《さん》 3

べんきょうしたのは　□月　□日

おわったら色《いろ》ぬりしよう

つぎの　計算《けいさん》を　ひっ算《さん》で　しましょう。

① 97＋4

② 8＋96

③ 96＋4

④ 42＋85

⑤ 26＋74

⑥ 38＋65

⑦ 88＋56

⑧ 85＋64

おうちの方へ

くり上がりがあるものとないものを混ぜて出題しています。混ざっていても正確にできているでしょうか。

二年生の かん字 3

左の お手本を 見て 右に 書《か》きましょう。つぎに、左の お手本を なぞりましょう。

べんきょうしたのは　月　日

家（十画）
カ　ケ　いえ　や

- 一《いっ》家《か》
- 空《あ》き家《や》

記
キ　しる-す

- 記《き》名《めい》

- 記《しる》す

帰
キ　かえ-る

- 帰《き》国《こく》
- 帰《かえ》り道《みち》　道

・記《しる》す…書きつけること。

原
ゲン　はら

- 原《げん》因《いん》（5年）　因

- 野《の》原《はら》　野

高
コウ　たか-い

- 最《さい》（4年）高《こう》　最
- 高《こう》校《こう》

紙
シ　かみ

- 半《はん》紙《し》

- 白《はく》紙《し》

・原因《げんいん》…ものごとのおこるもと。

おわったら 色《いろ》ぬりしよう

おうちの方へ

上の漢字を使った言葉→「家来（けらい）」「暗記」（３年生で学習）「草原（そうげん、くさはら）」「高級」（３年生で学習）。参考→「白紙にもどす」：始める前の状態にもどす、なかったことにする、という意味です。

原 紙（氏）
○→はらい　×まげない

【11ページの答《こた》え】①101 ②104 ③100 ④127 ⑤100 ⑥103 ⑦144 ⑧149

たし算《ざん》の ひっ算《さん》 4

べんきょうしたのは　月　日

おわったら色《いろ》ぬりしよう

つぎの 計算《けいさん》を ひっ算《さん》で しましょう。

① 568＋8

② 741＋9

③ 315＋47

④ 514＋46

⑤ 400＋500

⑥ 600＋900

おうちの方へ

3けたの計算も同じ位どうしをたします。2けたのたし算のときと同じようにくり上がりに気をつけさせましょう。⑥は、答えが4けたになります。くり上がりがいくつもある3けたの計算は3年生で学習します。

二年生の かん字 4

左の お手本を 見て 右に 書《か》きましょう。つぎに、左の お手本を なぞりましょう。

べんきょうしたのは　月　日

時（十画）
ジ　とき

- 時間《じかん》
- 時間

- 時《じ》こく

弱
ジャク　よわ-い

- 強弱《きょうじゃく》
- 強

- 弱虫《よわむし》

書
ショ　か-く

- 読書《どくしょ》
- 読

- 書名《しょめい》

通
ツウ　とお-る　かよ-う

- 通行《つうこう》
- 通学《つうがく》

馬
バ　うま

- 馬力《ばりき》
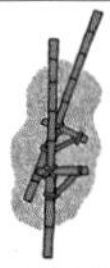
- 竹馬《たけうま》

黄（十一画）
オウ　き

- 黄金《おうごん》
- 黄土色《おうどいろ》

・馬力《ばりき》…がんばる力。一とうの馬《うま》の力をもとにしたしごとの力のたんい。

おわったら 色《いろ》ぬりしよう

おうちの方へ

上の漢字を使った言葉→「時代」（３年生で学習）「弱点」「書道」「馬車」「黄色」など。参考→「馬の耳に念仏」：いくら言って聞かせても、ききめがないこと。

甬 ×甬 馬　・→止める →まっすぐ　書き順注意

【13ページの答《こた》え】①576 ②750 ③362 ④560 ⑤900 ⑥1500

ひき算《ざん》の ひっ算《さん》 1

べんきょうしたのは 月 日

おわったら色ぬりしよう

123−52を ひっ算《さん》で しましょう。①から ③まで 声《こえ》に 出して 読《よ》みましょう。

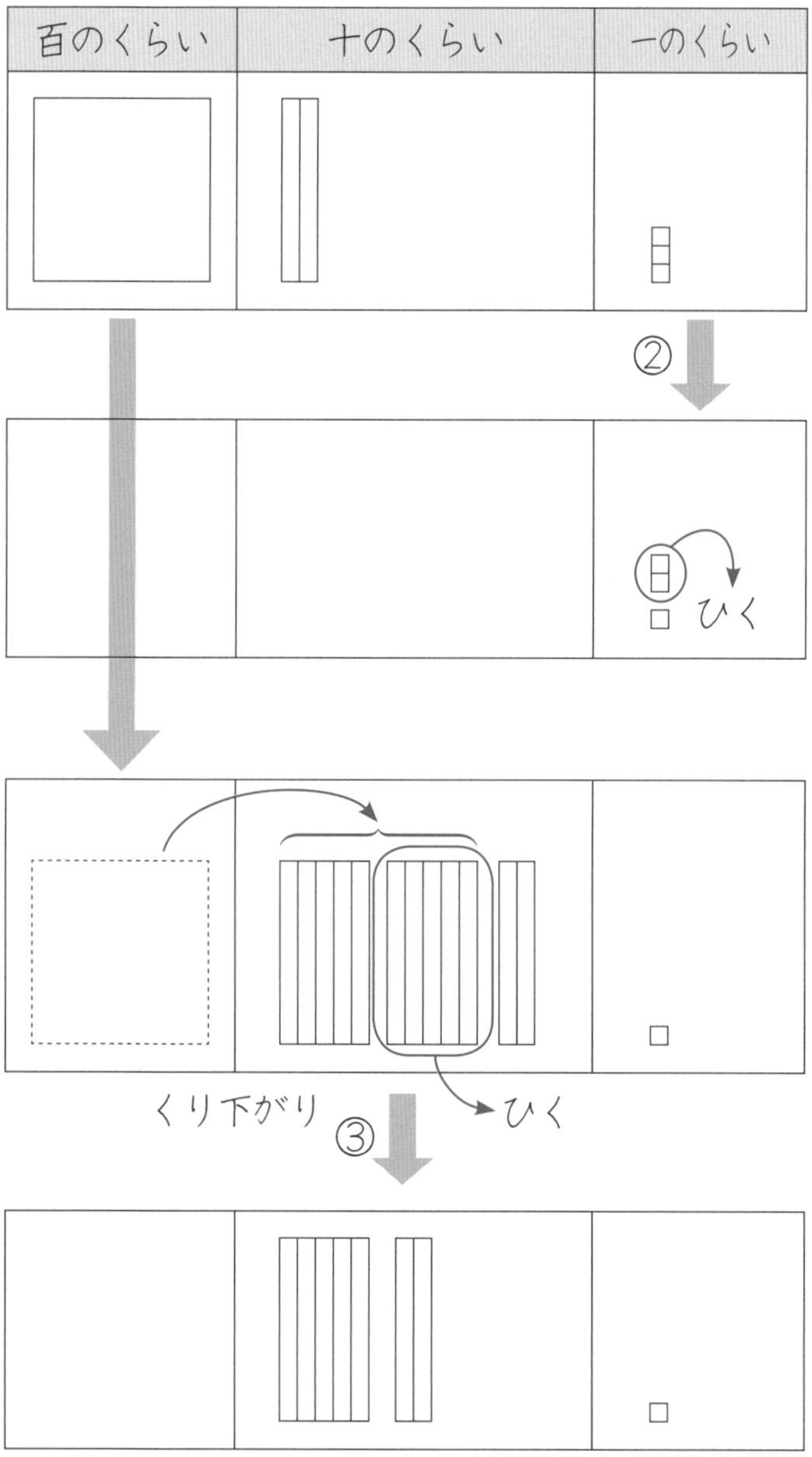

	1	2	3
−		5	2

① くらいを そろえて 書《か》きます。

② 一のくらいの 計算《けいさん》を します。

	1	2	3
−		5	2
			1

3−2=1

③ 十のくらいの 計算《けいさん》を します。

	~~1~~	12	3
−		5	2
		7	1

2から 5は ひけないので、百のくらいから 1 くり下げます。

12−5=7

おうちの方へ

ひき算の筆算では、上の数から下の数がひけるかどうかが大事です。ひけないときは、上の位からくり下げます。

二年生の かん字 5

左の お手本を 見て 右に 書《か》きましょう。つぎに、左の お手本を なぞりましょう。

べんきょうしたのは　月　日

おわったら 色《いろ》ぬりしよう

魚（十一画）
ギョ
うお
さかな

金《きん》魚《ぎょ》

魚《さかな》つり

強
キョウ
つよ－い

強《きょう》力《りょく》

強《つよ》気《き》

教
キョウ
おし－える
おそ－わる

教《きょう》科《か》

教《おそ》わる

黒
コク
くろ
くろ－い

黒《くろ》字《じ》

黒《こく》雲《うん》　雲

細
サイ
ほそ－い
こま－かい

心《こころ》細《ぼそ》い

細《こま》かい

週
シュウ

来《らい》週《しゅう》

今《こん》週《しゅう》

● おうちの方へ ●

上の漢字を使った言葉→「魚市場（うおいちば）」「強風」「教え子」「教室」「黒星」「黒板」（3年生で学習。昔、教室の黒板は黒色でした）「細工」「一週間」など。「黒雲」は「くろくも」とも読みます。

弓　書き順注意
魚　左向き 右向き

ひき算《ざん》の ひっ算《さん》 2

べんきょうしたのは
月 日
おわったら色《いろ》ぬりしよう

つぎの 計算《けいさん》を ひっ算《さん》で しましょう。

①

	1	2	7
−		6	5

②

	1	5	8
−		7	1

③

	1	1	6
−		8	3

④

	1	4	4
−		9	2

⑤

	1	3	9
−		4	7

おうちの方へ

このページの問題は、一の位の計算ではくり下がりがありません。十の位の計算でくり下がりについて理解させる問題です。

二年生の かん字 6

左の お手本を 見て 右に 書《か》きましょう。つぎに、左の お手本を なぞりましょう。

べんきょうしたのは　月　日

おわったら 色《いろ》ぬりしよう

雪（十一画）
セツ　ゆき

- 新雪《しんせつ》
- 雪《ゆき》

- 雪山《ゆきやま》

船
セン　ふね　ふな

- 風船《ふうせん》
- 船下《ふなくだ》り

組
ソ　くみ　く-む

- 番組《ばんぐみ》
- 組《く》む

・船下《ふなくだ》り…川を船《ふね》で下ること。

鳥
チョウ　とり

- 野鳥《やちょう》

- 小鳥《ことり》

野
ヤ　の

- 野生《やせい》
- 外野《がいや》

理
リ

- 理科《りか》

- 理由《りゆう》（由 3年）

・野生《やせい》…自《し》ぜんの中でそだつこと。そのそだったどうぶつやしょくぶつ。

おうちの方へ

上の漢字を使った言葉→「初雪」（4年生で学習）「船長」「組み立て」「白鳥」「野原」「料理」（4年生で学習）。参考→「野性」：自然のままのあらあらしい性質。

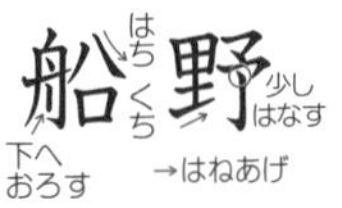

船　はち　下へおろす
野　くち　少しはなす　→はねあげ

【17ページの答《こた》え】①62　②87　③33　④52　⑤92

にんじゅつしゅぎょうに
行《い》ってきま～す。

にんじゃ学校の　入口を　みつけるのじゃ。

4画《かく》の　かん字を　見つけて　色《いろ》を　ぬろう。何番《なんばん》の　とびらが　正かいか　わかるぞ。

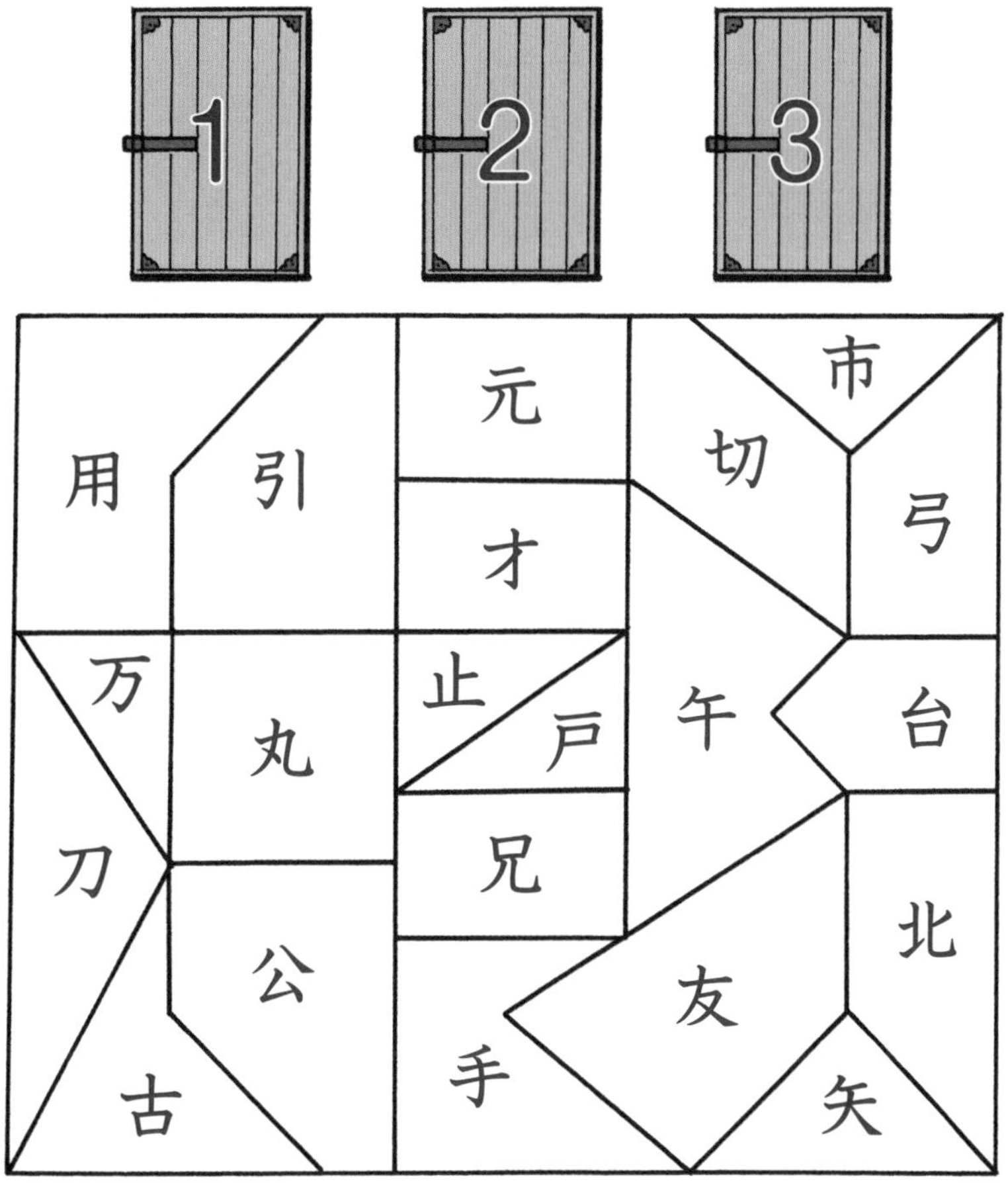
1
2
3
用
引
元
切
市
才
弓
万
丸
止
戸
午
台
刀
兄
北
公
友
手
古
矢

33ページに　つづく。

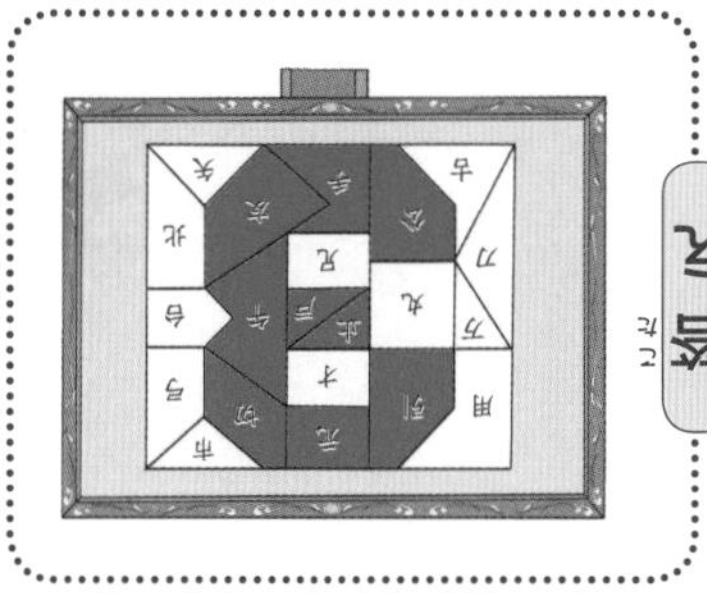
答え

おまけ

●答《こた》えが　小さい　じゅんに　せんで　むすびましょう。
できた　形《かたち》に　色《いろ》を　ぬりましょう。

	2	3
+	4	9

	3	5
−	2	3

	5	3
+	3	8

	1	2	5
−		4	4

	5	6
−	1	8

答え

星の　形《かたち》に　なるよ。

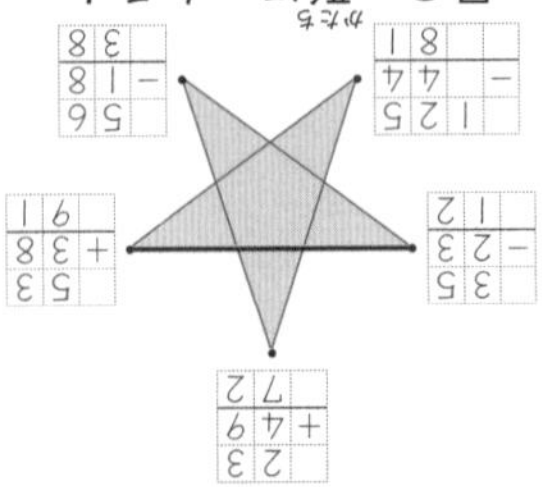

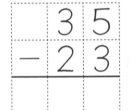

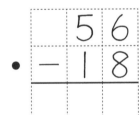

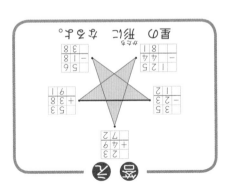

ひき算《ざん》の ひっ算《さん》 3

べんきょうしたのは　月　日
おわったら色《いろ》ぬりしよう

つぎの 計算《けいさん》を ひっ算《さん》で しましょう。

① 165－81

② 124－33

③ 134－62

④ 146－95

⑤ 127－72

⑥ 139－48

おうちの方へ

横式を筆算の形にするとき、きちんと位をそろえて、枠の中にていねいに書かせましょう。位をそろえてきちんと書くことがまちがいを減らすことになります。

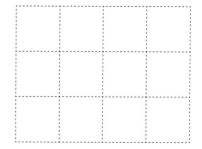

二年生の かん字 7

左の お手本を 見て 右に 書《か》きましょう。 つぎに、左の お手本を なぞりましょう。

べんきょうしたのは　月　日

（十二画）

雲　ウン　くも

- 雨雲（あまぐも）
- 雲海（うんかい）

絵　カイ　エ

- 絵画（かいが）
- 絵本（えほん）

間　カン　ケン　あいだ　ま

- 中間（ちゅうかん）
- 人間（にんげん）

・雲海《うんかい》…ひ行きや高い山から海のように広がって見えるいちめんの雲《くも》。

場　ジョウ　ば

- 工場（こうじょう）
- 場合（ばあい）

晴　セイ　は-れる

- 晴天（せいてん）
- 晴れ間（はれま）

朝　チョウ　あさ

- 朝食（ちょうしょく）
- 朝日（あさひ）

・晴天《せいてん》…晴《は》れた空。天気のよいこと。

おわったら 色《いろ》ぬりしよう

おうちの方へ

上の漢字を使った言葉→「入道雲」「絵日記」「夜間」「土間」「入場」「会場」「秋晴れ」「早朝」「朝顔」など。「工場」は「こうば」とも読みます。

晴 朝　→まっすぐ　・止める　→はらい

【21ページの答《こた》え】①84 ②91 ③72 ④51 ⑤55 ⑥91

ひき算《ざん》の ひっ算《さん》 4

べんきょうしたのは　□月　□日

おわったら色《いろ》ぬりしよう

つぎの 計算《けいさん》を ひっ算《さん》で しましょう。

① 134－69

	~~1~~	1 ~~3~~ 2	1 4
－		6	9

❶ 4から 9は ひけません。
十のくらいから くり下げて
14－9

❷ 2（3は くり下げて います）から
6は ひけません。
百のくらいから くり下げて
12－6

② 120－67

③ 168－99

④ 115－78

⑤ 164－85

おうちの方へ

一の位、十の位ともにくり下がりがあります。補助数字を書いていない教科書もありますが、書かせた方がまちがいが少なくなります。補助数字はどこに書くというきまりはありません。

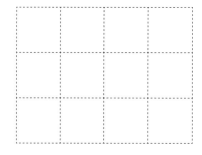

二年生の かん字 8

左の お手本を 見て 右に 書《か》きましょう。つぎに、左の お手本を なぞりましょう。

べんきょうしたのは □月 □日

答 （十二画）
トウ　こた-える

答《とう》案《あん》（4年）

解《かい》（5年）答《とう》

道
ドウ　みち

車《しゃ》道《どう》

山《やま》道《みち》

買
バイ　か-う

売《ばい》買《ばい》

買《か》う

・売買《ばいばい》…売《う》ったり買《か》ったりすること。

番
バン

番《ばん》地《ち》

番《ばん》犬《けん》

園 （十三画）
エン

公《こう》園《えん》

園《えん》長《ちょう》

遠
エン　とお-い

遠《えん》方《ぽう》

遠《とお》出《で》

・遠方《えんぽう》…遠《とお》くの方《ほう》。

・遠出《とおで》…遠《とお》くへ行くこと。

おわったら 色《いろ》ぬりしよう

おうちの方へ

上の漢字を使った言葉→「口答え」「近道」「交番」「遠近」など。「園」と「遠」の中の「袁」は「エン」と読みます。こうしたことに気付くと、漢字の学習が広がります。

道 園 遠
→つながない →はらい ・→止める

【23ページの答《こた》え】①65 ②53 ③69 ④37 ⑤79

ひき算《ざん》の ひっ算《さん》 5

べんきょうしたのは　月　日

おわったら色《いろ》ぬりしよう

つぎの 計算《けいさん》を ひっ算《さん》で しましょう。

① 130－53

② 140－85

③ 170－92

④ 163－78

⑤ 152－64

⑥ 147－68

おうちの方へ

くり下がりを面倒がる子がいます。①では、「0－3＝3」などとしていないでしょうか。また、上からひけないからと、④で「3－8」をくり下げないで「8－3＝5」とすると、十の位で違ってきます。

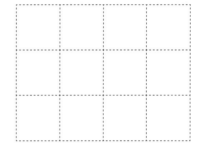

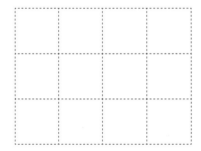

二年生の かん字 9

左の お手本を 見て 右に 書《か》きましょう。つぎに、左の お手本を なぞりましょう。

べんきょうしたのは　月　日

楽（十三画）
ガク　ラク
たの－しい

- 楽《がっ》器《き》（4年）

- 気《き》楽《らく》

新
シン
あたら－しい
あら－た

- 新《あら》たな年《とし》

数
スウ
かず
かぞ－える

- 数《すう》字《じ》

- 数《すう》日《じつ》

・数日《すうじつ》…3、4日または5、6日。

電
デン

- 電《でん》気《き》

- 電《でん》話《わ》

話
ワ
はな－し
はな－す

- 会《かい》話《わ》
- 話《はな》し声《ごえ》

歌（十四画）
カ
うた
うた－う

- 校《こう》歌《か》

- 歌《うた》声《ごえ》

おわったら色《いろ》ぬりしよう

おうちの方へ

上の漢字を使った言葉→「新米」「新年」「市電」「立ち話」（名詞のときは「し」はつかない）など。

楽　新　電　哥
・→止める　・→止める　○→少しはなす　→つながない

【25ページの答《こた》え】①77　②55　③78　④85　⑤88　⑥79

ひき算《ざん》の ひっ算《さん》 6

べんきょうしたのは　　月　　日
おわったら色《いろ》ぬりしよう

つぎの　計算《けいさん》を　ひっ算《さん》で　しましょう。

① 103−36

	~~1~~	~~0~~ 9	1 3
−		3	6

❶ 一のくらいの　計算《けいさん》を　します。
3から　6は　ひけません。
十のくらいは　0なので、
百のくらいを　くずします。
13−6

❷ 百のくらいを　くずして
いるので、十のくらいは　9。
9−3

② 102−43

③ 106−88

④ 101−64

⑤ 105−57

● おうちの方へ ●

2つ上の位をくずす計算は、かなりむずかしいです。補助数字や斜線が多くなるので、ていねいに書かせましょう。位をまちがえないように。

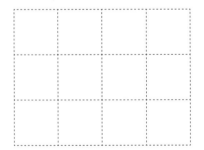

二年生の かん字 10

左の お手本を 見て 右に 書《か》きましょう。つぎに、左の お手本を なぞりましょう。

べんきょうしたのは　月　日

語（十四画）

ゴ　かた－る

物《もの》語《がたり》（物：3年）

語《かた》る

算

サン

予《よ》算《さん》（予：3年）

算《さん》数《すう》

読

ドク　トク　トウ　よ－む

音《おん》読《どく》

読《とう》点《てん》

・読点《とうてん》…文のと中の点《てん》。

聞

ブン　き－く

新《しん》聞《ぶん》

聞《き》き手《て》

鳴

メイ　な－く　な－る

悲《ひ》鳴《めい》（悲：3年）

鳴《な》く

線（十五画）

セン

点《てん》線《せん》

白《はく》線《せん》

・聞《き》き手…聞《き》く人。

おわったら 色《いろ》ぬりしよう

おうちの方へ

上の漢字を使った言葉→「英語」（４年生で学習）「暗算」（３年生で学習）「読本」（とくほん）「光線」「直線」。動詞のときは「語る・語り合い・語らう」と送りがなをつけますが、「物語（ものがたり）」（名詞のとき）は送りがなをつけません。

算　聞　線

→はらう　・→出ない　○→少しあける　→はらい

【27ページの答《こた》え】①67 ②59 ③18 ④37 ⑤48

ひき算《ざん》の ひっ算《さん》 7

べんきょうしたのは　月　日

おわったら色《いろ》ぬりしよう

つぎの 計算《けいさん》を ひっ算《さん》で しましょう。

① 132−51

② 135−92

③ 382−56

④ 473−39

⑤ 800−400

⑥ 600−300

おうちの方へ

くり下がりに注意して計算させましょう。⑤⑥は百の位だけ計算すればよい（100の集まりがいくつあるか）のです。「0」を書き忘れやすいので注意させましょう。

二年生の かん字 11

左の お手本を 見て 右に 書《か》きましょう。つぎに、左の お手本を なぞりましょう。

べんきょうしたのは　月　日

おわったら 色《いろ》ぬりしよう

親（十六画）　シン　おや　した-しい

両《りょう》（3年）	両
親《しん》	

親《しん》	
友《ゆう》	

頭　トウ　ズ　あたま

先《せん》	
頭《とう》	

頭《ず》	
上《じょう》	

顔（十八画）　ガン　かお

顔《がん》	
面《めん》（3年）	面

顔《かお》	
色《いろ》	

曜　ヨウ

何《なん》	
曜《よう》	
日《び》	

おまけ

★かん字の 中には、いみを 合《あ》わせて できた ものが あります。

・鳥《とり》は 口で 鳴《な》きます。
そこで、「口」と 「鳥《とり》」を 合《あ》わせて、⇓「鳴」

・「木」が あつまって

「林」・

「森」

●おうちの方へ●

上の漢字を使った言葉→「親子」「親るい」「一頭」。「曜」は、「日（にち）→日ヨヨ（ようよ）→日ヨヨ亻（い）→日ヨヨ亻丶（の）→日ヨヨ隹（ちょう）→曜（さん）」と覚えましょう。

頭　曜
→はらいあげ　○→わずかに出る

【29ページの答《こた》え】①81　②43　③326　④434　⑤400　⑥300

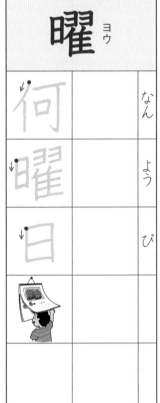

三角形《さんかくけい》と 四角形《しかくけい》 1

べんきょうしたのは　　月　　日

おわったら色《いろ》ぬりしよう

1. ものさしを　つかって　点《てん》と　点《てん》を　線《せん》で　むすびましょう。

①

②

③

④

まっすぐな　線《せん》を　直線《ちょくせん》と　いいます。

2. 点《てん》と　点《てん》を　直線《ちょくせん》で　むすびましょう。

①

②

③

3本の　直線《ちょくせん》で　かこまれた　形《かたち》を　三角形《さんかくけい》と　いいます。

● おうちの方へ ●

ものさしをきちんと当てて、点からずれないようていねいに直線を引かせましょう。三角形の場合、はみ出さないよう気をつけさせましょう。

【32ページの答《こた》え】(1)①㋐いる　㋑(○)います　②㋐(○)ません　㋑ない　(2)①もうすぐ春です。
②体おん計で計りました。　③まっすぐに線を引きなさい。　④何の用ですか。

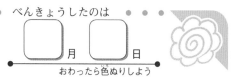

ていねいな 言《い》い方《かた》

べんきょうしたのは　月　日

おわったら 色《いろ》ぬりしよう

(1) 二つの 文で ちがう ところに 線《せん》を 引《ひ》き、ていねいな 方《ほう》に ○を つけましょう。

①
ア(　)花が さいて いる。
イ(　)花が さいて います。

②
ア(　)くもって、星《ほし》は 見えません。
イ(　)くもって、星《ほし》は 見えない。

(2) つぎの 文を、ていねいな 言《い》い方《かた》に 直《なお》しましょう。

① もうすぐ 春《はる》だ。
↓

② 体《たい》おん計《けい》で 計《はか》った。
↓

③ まっすぐに 線《せん》を 引《ひ》け。
↓

④ 何《なん》の 用《よう》か。
↓

● おうちの方へ ●

ていねいな言い方にすると、文章や話し言葉の感じが変わります。⑵③(命令の形)や④(質問)などは、ずい分やわらかい感じになりますね。一般的に、ていねいな形の方が感情表現の幅が広がることが多いようです。時と場合に応じて、使い分けられるようになるといいですね。

まん中に ひらがなを 入れて、二文字で できる 四つの ことばを 作《つく》ろう。

ひみつの ①□②□③□④□ を 手に 入れろ。

まん中に 入る 文字を ①、②、③、④の じゅんに よもう！

①

	う	
し		め
	る	

②

	か	
た		た
	ば	

③

	い	
も		り
	じ	

④

	お	
つ		り
	う	

ヒント
①は「うま」「しま」「まる」「まめ」の四つだにゃ。

どこに 行《い》けば、 あるのかしら？
東《ひがし》の おしろに あるって 聞《き》いたにゃ。
むかし、にんじゃの 里《さと》から、わるい おとのさまが とって いった そうにゃ。

47ページに つづく。

答《こた》え

ひみつの ①ま②き③も④の を 手に 入れろ。

おまけ

●計算《けいさん》を　してみましょう。ちょっと　おもしろい　答《こた》えに　なるよ。

① $$\begin{array}{r} 1\ 2 \\ +\ 4\ 3 \\ \hline \square\square \end{array}$$

② $$\begin{array}{r} 1\ 2\ 3 \\ +\ 6\ 5\ 4 \\ \hline \square\square\square \end{array}$$

③ $$\begin{array}{r} 9\ 8 \\ -\ 7\ 6 \\ \hline \square\square \end{array}$$

④ $$\begin{array}{r} 7\ 6 \\ -\ 5\ 4 \\ \hline \square\square \end{array}$$

⑤ $$\begin{array}{r} 9\ 8\ 7 \\ -\ 6\ 5\ 4 \\ \hline \square\square\square \end{array}$$

もんだいを　つくろう！

★上の　計算《けいさん》のように、同《おな》じ　数字《すうじ》が　ならぶ　答《こた》えに　なる　もんだいを　つくって　みよう。

答え

①55　②777　③22

④22　⑤333

三角形《さんかくけい》と 四角形《しかくけい》 2

べんきょうしたのは　□月　□日

おわったら色ぬりしよう

1. 点《てん》と　点《てん》を　㋐㋑㋒㋓㋐の　じゅんに　直線《ちょくせん》で　むすびましょう。

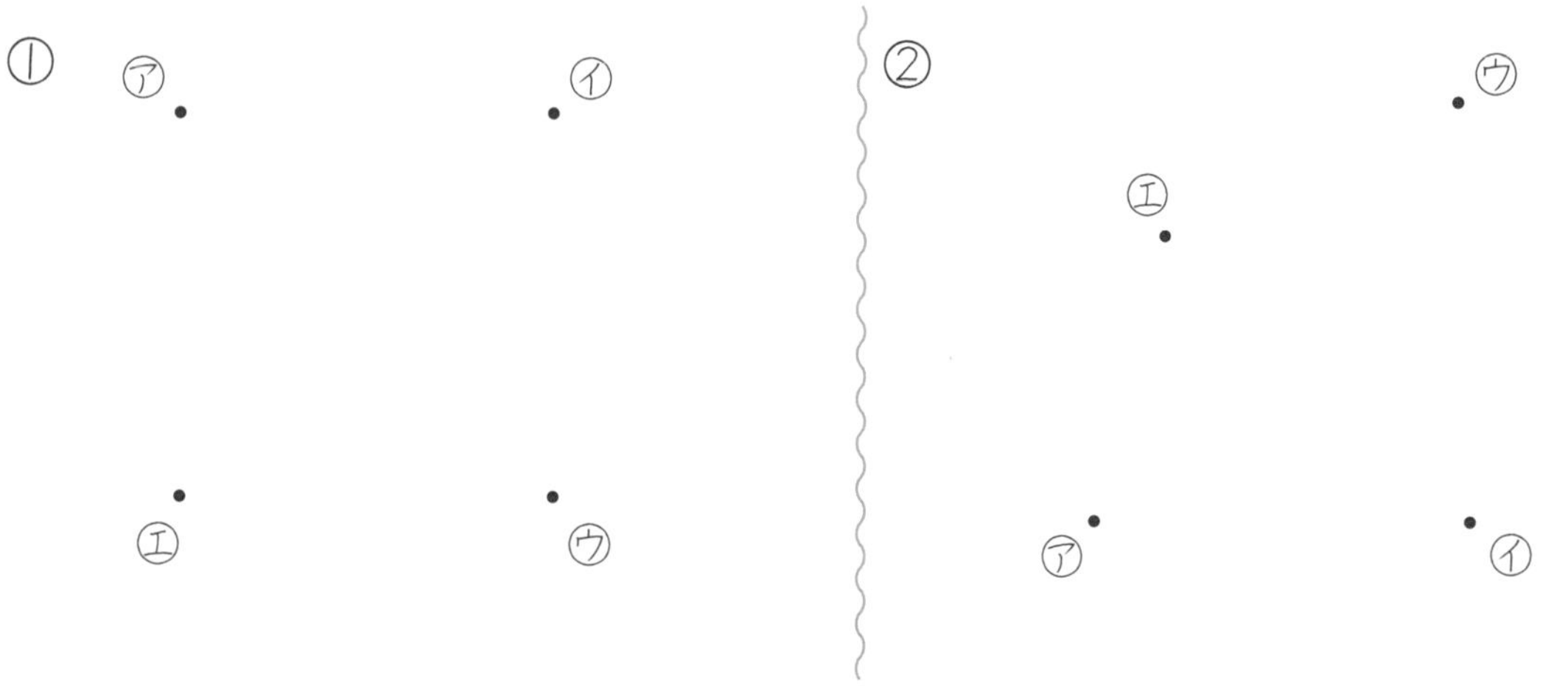

4本の　直線《ちょくせん》で　かこまれた　形《かたち》を
四角形《しかくけい》と　いいます。

2. 下の　図《ず》を　三角形《さんかくけい》と　四角形《しかくけい》に　分《わ》けて、（　　）に　記号《きごう》を　書《か》きましょう。
どちらでも　ない　ものも　あります。

① 三角形《さんかくけい》（　　　　　）　② 四角形《しかくけい》（　　　　　）

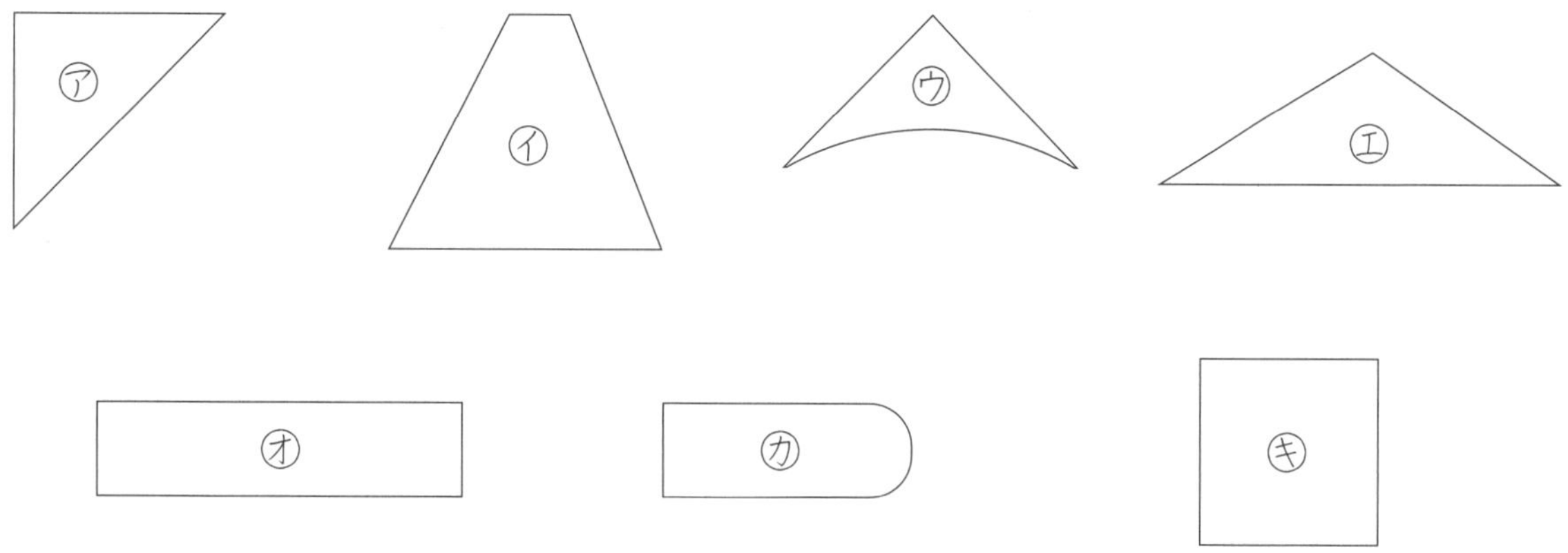

● おうちの方へ ●

三角形や四角形は直線で囲まれた形です。**2.** で曲線がある形は、条件からはずされます。

【36ページの答《こた》え】(1)①鳥　②こおり　③あり　④さとう
(2)答えの例：①おゆ・おひさま など。　②山・ピラミッド など。

たとえた 言《い》い方《かた》(〜のように)

べんきょうしたのは　月　日

おわったら
色《いろ》ぬりしよう

(1) それぞれの 文の ようすに 合《あ》うように、□から ことばを えらんで 書《か》きましょう。

① □の ように とぶ。

② □の ように つめたい。

③ □の ように 小さい。

④ □の ように あまい。

あり　こおり　鳥《とり》　さとう　魚《さかな》

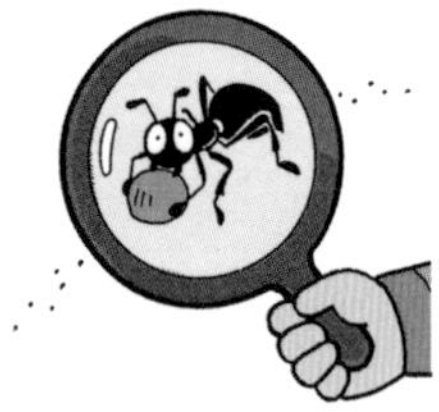

(2) つぎの □に 入る ことばを 考《かんが》えて 書《か》きましょう。

① □の ように あたたかい。

② □の ように 高《たか》い。

● おうちの方へ ●

(2)は、従来よりよく使われるたとえ（例：「湯のようにあたたかい」「山のように高い」）はありますが、大人の感覚で合っていれば正解とします。「花のように美しい」は合っていますが、「花のようにとぶ」は変ですね。「花はとばないね。ほかにないかな」と聞いてあげましょう。

【35ページの答《こた》え】 1. しょうりゃく　2. ①三角形㋐㋓　②四角形㋑㋔㋖

三角形《さんかくけい》と 四角形《しかくけい》 3

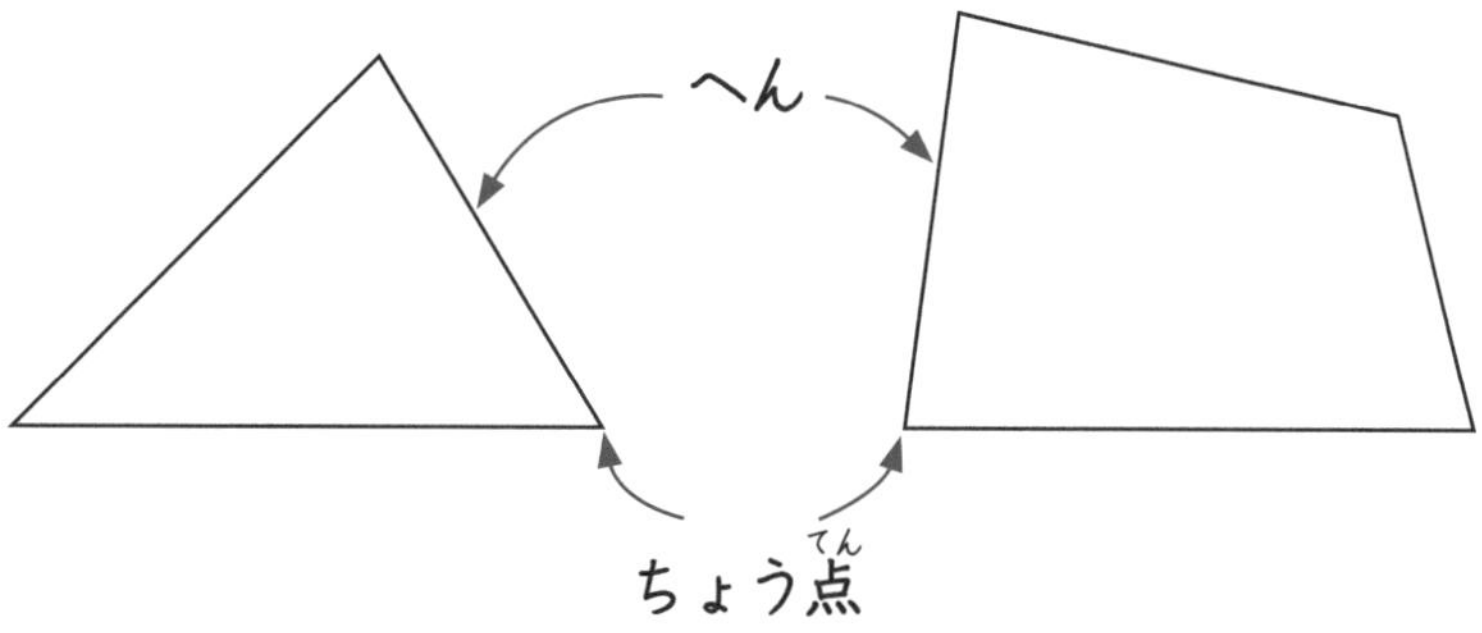

三角形《さんかくけい》や 四角形《しかくけい》の 直線《ちょくせん》の ところを へん、かどの ところを ちょう点《てん》と いいます。

1. 三角形《さんかくけい》や 四角形《しかくけい》の へんや ちょう点《てん》の 数《かず》を まとめましょう。

	へんの 数《かず》	ちょう点《てん》の 数《かず》
三角形《さんかくけい》		
四角形《しかくけい》		

2. つぎの □ に ことばや 数《かず》を 書《か》きましょう。

① 3本の ㋐［線］で かこまれた 形《かたち》を ㋑［　］と いいます。㋒［　］が 3本 あります。

② ㋐［　］本の 直線《ちょくせん》で かこまれた 形《かたち》を 四角形《しかくけい》と いいます。

四角形《しかくけい》には、㋑［　］つの ㋒［点］があります。

● おうちの方へ ●

「へん」「ちょう点」も新しく学習することばです。ことばを覚えるだけでなく、「へん」はこれ、「ちょう点」はここと、指し示すことができるか確かめてあげましょう。

【38ページの答《こた》え】①母 ②妹 ③弟 ④角 ⑤西 ⑥冬 ⑦夜 ⑧地 ⑨黒 ⑩外

はんたいの ことば 1

つぎの かん字と 組《くみ》に なる かん字を 下の □から えらびましょう。

べんきょうしたのは □月 □日

① 父《ちち》 ↔ □

② 姉《あね》 ↔ □

③ 兄《あに》 ↔ □

④ 丸《まる》 ↔ □

⑤ 東《ひがし》 ↔ □

⑥ 夏《なつ》 ↔ □

⑦ 昼《ひる》 ↔ □

⑧ 天 ↔ □

⑨ 白 ↔ □

⑩ 内《うち》 ↔ □

黒《くろ》	妹《いもうと》	西《にし》	外《そと》	夜《よる》
地《ち》	角《かど》	母《はは》	弟《おとうと》	冬《ふゆ》

おわったら 色《いろ》ぬりしよう

おうちの方へ

組になる漢字はたくさんあります。ここにあげてあるのは④と⑥以外は熟語になります。ほかに「朝↔夕」「南↔北」「前↔後ろ」「晴れ↔雨」「上↔下」「左↔右」などがあります。

【37ページの答《こた》え】1.

	へん	ちょう点
三角形	3	3
四角形	4	4

2. ①㋐直線 ㋑三角形 ㋒へん ②㋐4 ㋑4 ㋒ちょう点

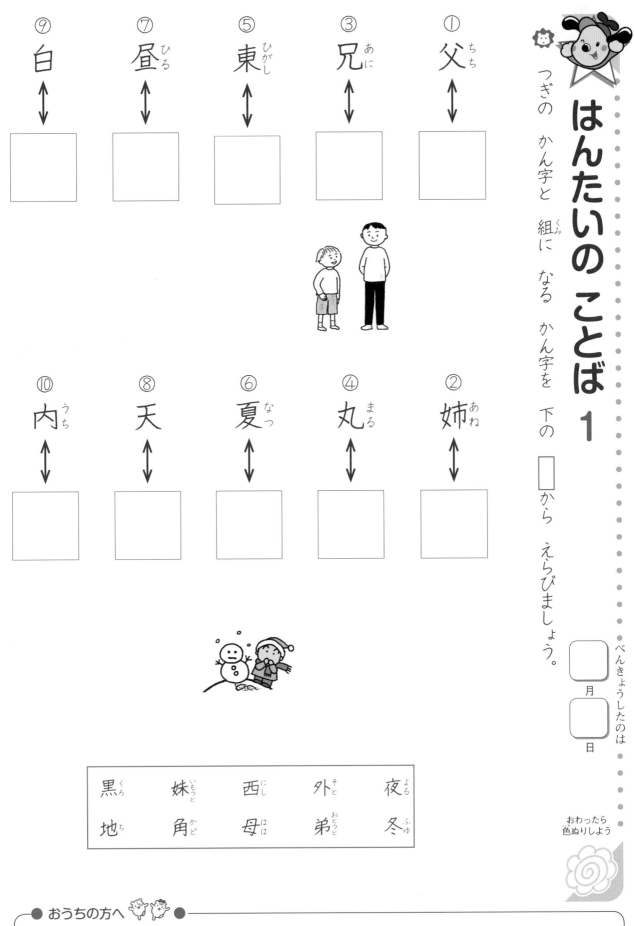

三角形《さんかくけい》と 四角形《しかくけい》 4

べんきょうしたのは
□月 □日
おわったら色《いろ》ぬりしよう

1. 点《てん》を 直線《ちょくせん》で むすんで 三角形《さんかくけい》や 四角形《しかくけい》を 作《つく》りましょう。

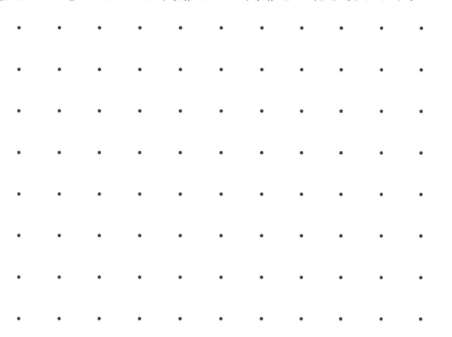

2. 四角形《しかくけい》の 紙《かみ》を 点線《てんせん》の ところで 2つに 切《き》ると どんな形《かたち》が できるでしょう。

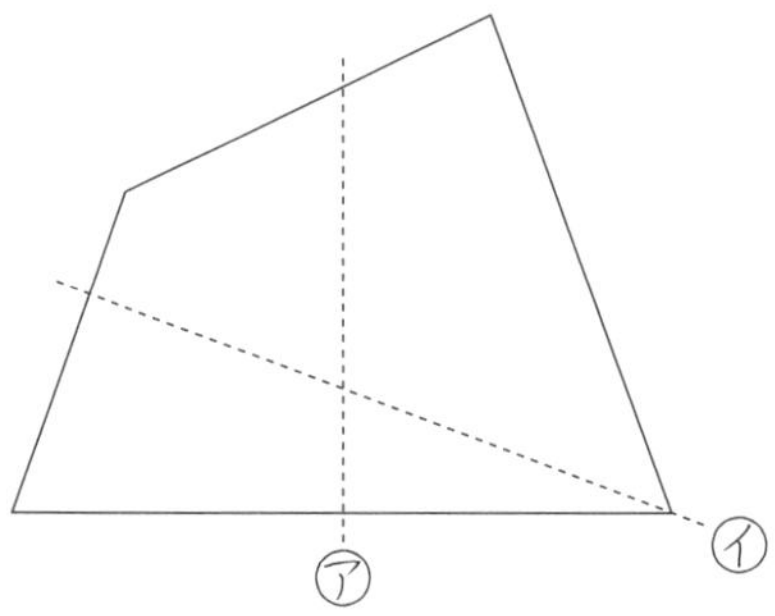

① ㋐で 切《き》ると どんな 形《かたち》が いくつ できますか。

(　　　　　　　　　　)

② ㋑で 切《き》ると どんな 形《かたち》と どんな 形《かたち》が できますか。

(　　　　　　　　　　)

● おうちの方へ ●

1. は、ものさしを使ってていねいに線を引かせましょう。**2.** は、わかりにくい場合は、同じような四角形を別な紙で作り、実際に切り取らせてみましょう。

【40ページの答《こた》え】①少ない ②近い ③弱い ④買う ⑤新しい ⑥細い ⑦歩く ⑧書く ⑨聞く ⑩帰る

はんたいの ことば 2

べんきょうしたのは　□月　□日

つぎの　ことばと　はんたいの　いみで、組《くみ》に　なる　ことばを　下の　□から　えらびましょう。

おわったら色ぬりしよう

① 多《おお》い ↔ □

② 遠《とお》い ↔ □

③ 強《つよ》い ↔ □

④ 売《う》る ↔ □

⑤ 古《ふる》い ↔ □

⑥ 太《ふと》い ↔ □

⑦ 走《はし》る ↔ □

⑧ 読《よ》む ↔ □

⑨ 話《はな》す ↔ □

⑩ 行《い》く ↔ □

書《か》く	聞《き》く	歩《ある》く	帰《かえ》る	弱《よわ》い
新《あたら》しい	少《すく》ない	細《ほそ》い	近《ちか》い	買《か》う

おうちの方へ

①～④は熟語になります。ほかに１年で学習した漢字も使えば、「大きい↔小さい（→大小）」「出る↔入る（→出入）」などもありますね。組になったときに熟語になるものは、日常の生活の中で積極的に使っていくとよいですね。

【39ページの答《こた》え】 1. しょうりゃく　2. ①四角形が２つ　②三角形と四角形

べんきょうしたのは 月 日

おわったら色《いろ》ぬりしよう

直角《ちょっかく》を 作《つく》ります。紙《かみ》を 用《よう》いして やってみよう。

① 紙《かみ》を 2つに おる。 ② また 2つに おる。 ③ でき上がり。

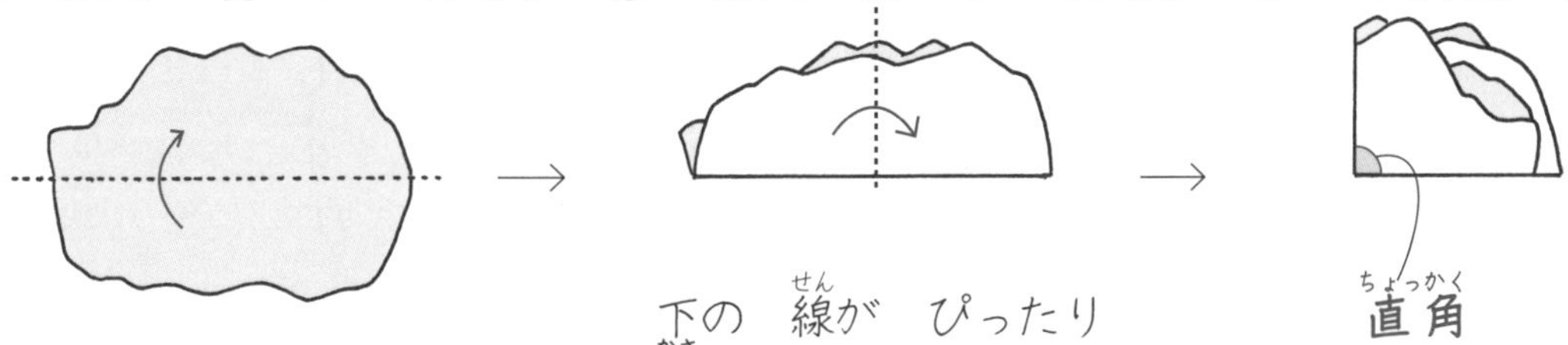

下の 線《せん》が ぴったり 重《かさ》なるように おる。

直角《ちょっかく》

④ かどを 三角《さんかく》じょうぎの かどと 重《かさ》ねる。

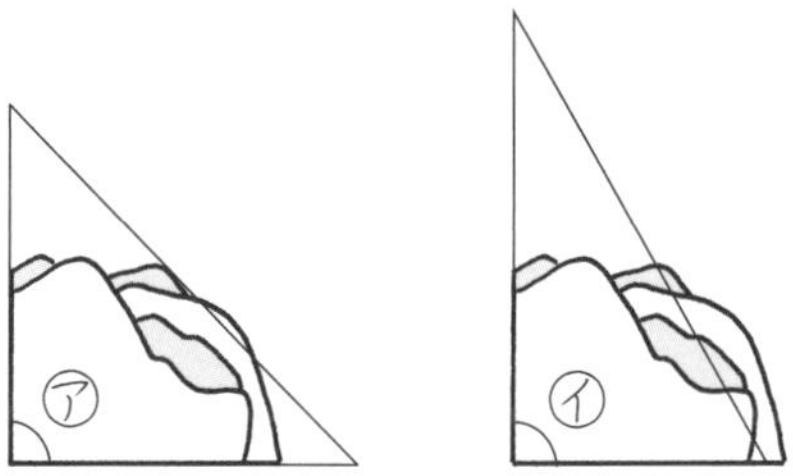

三角《さんかく》じょうぎの ㋐㋑の かどは 直角《ちょっかく》です。紙《かみ》を おって できる かども 直角《ちょっかく》ですね。

4つの かどが みんな 直角《ちょっかく》に なって いる 四角形《しかくけい》を、**長方形《ちょうほうけい》**と いいます。

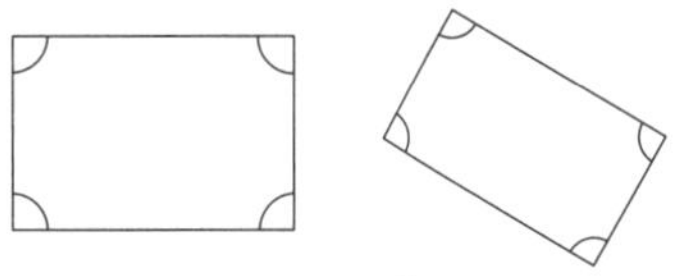

4つの かどが みんな 直角《ちょっかく》で、4つの へんの 長《なが》さが みんな 同《おな》じ 四角形《しかくけい》を **正方形《せいほうけい》**と いいます。

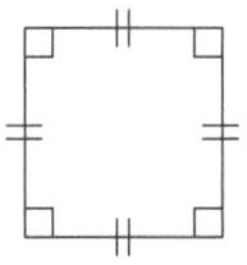

つぎの 形《かたち》の 中で、長方形《ちょうほうけい》に ○を、正方形《せいほうけい》に ◎を（　）に 書《か》きましょう。

①（　　　） ②（　　　） ③（　　　）

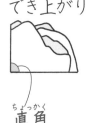

おうちの方へ

実際に紙を折って直角を作らせてみましょう。「四角」という言葉は日常よく使いますが、「正方形・長方形」もしっかり覚えるようにさせましょう。

【42ページの答《こた》え】①㋐ ②㋐ ③㋑ ④㋐

文を つなぐ ことば 1

正しい 方《ほう》の つなぎことばに、〇を つけましょう。

べんきょうしたのは　月　日

① 犬が すきですか。
(ア)（　）それとも、
(イ)（　）さて、
ねこが すきですか。

② はちに さされました。
(ア)（　）でも、
(イ)（　）そして、
なきませんでした。

③ 日が くれそうです。
(ア)（　）しかし、
(イ)（　）だから、
いそいで、家《いえ》に 帰《かえ》りました。

④ ばんごはんを 食《た》べました。
(ア)（　）それから、
(イ)（　）すると、
しゅくだいを しました。

おわったら 色《いろ》ぬりしよう

おうちの方へ

つなぎ言葉（接続詞）を理解すると、文と文の前後関係をつかむことができます。つなぎ言葉を正しく使うことは、わかりやすい文章を書いたり、人によく伝わる話し方をするのにとても有効です。

【41ページの答《こた》え】①〇 ②◎ ③〇

三角形《さんかくけい》と 四角形《しかくけい》 6

べんきょうしたのは　月　日

おわったら色《いろ》ぬりしよう

三角形《さんかくけい》や　四角形《しかくけい》で、まわりの　直線《ちょくせん》を　へん、かどの　点《てん》を　ちょう点《てん》と　いいます。

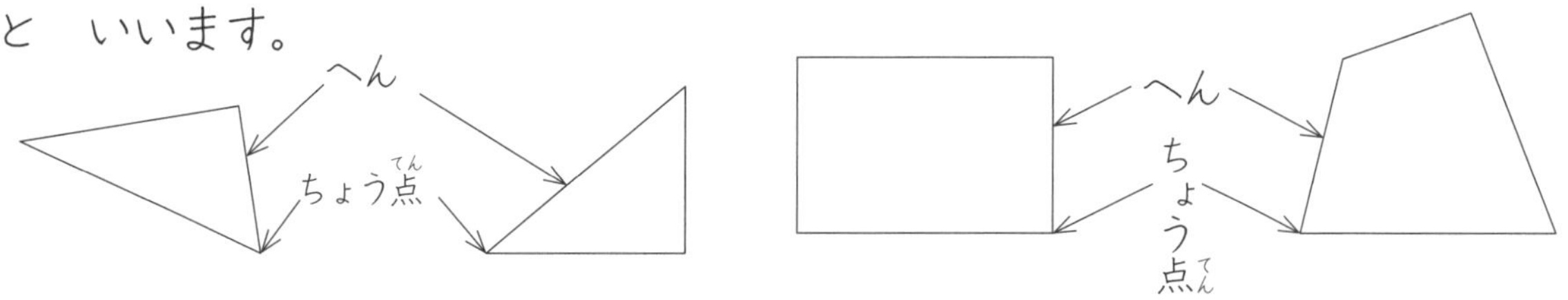

1. つぎの　□に　あてはまる　数字《すうじ》を　書《か》き　ましょう。

四角形《しかくけい》には、へんが①□本、ちょう点《てん》が②□こ　あります。

三角形《さんかくけい》には、へんが③□本、ちょう点《てん》が④□こ　あります。

直角《ちょっかく》の　かどの　ある　三角形《さんかくけい》を　直角《ちょっかく》三角形《さんかくけい》と　いいます。

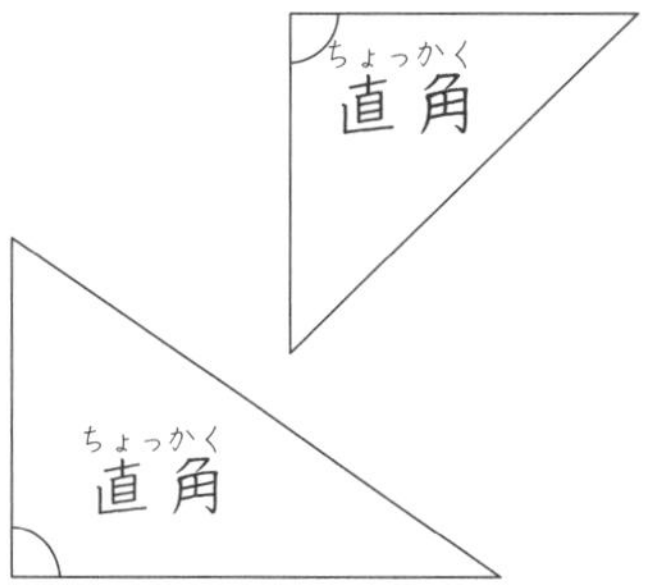

2. つぎの　方《ほう》がん紙《し》（直角《ちょっかく》に交《まじ》わっています）を　つかって、長方形《ちょうほうけい》、正方形《せいほうけい》、直角三角形《ちょっかくさんかくけい》を　かきましょう。

おうちの方へ

長方形・正方形・直角三角形は、どれも直角があります。それを意識させ、ものさしを使っていねいに直線を引かせましょう。

【44ページの答《こた》え】①しかし　②さて　③そのうえ　④すると

文を つなぐ ことば 2

べんきょうしたのは □月□日

つぎの 文の （ ）に 合《あ》う つなぎことばを □から えらんで 書《か》きましょう。

① みんなで がんばりました。（　　　　　）、し合《あい》には まけました。

② おやつに、みかんと クッキーが 出ました。（　　　　　）、どちらから 食《た》べましょうか。

③ ころんで 手を すりむきました。（　　　　　）、はちにまで さされました。

④ いっしょうけんめいに 水や こやしを やりました。（　　　　　）、たくさん いちごが なりました。

すると　しかし　そのうえ　さて

「がんばった」から し合《あい》に「かちました」だったら いいのにね。

おわったら 色《いろ》ぬりしよう

● おうちの方へ ●

子どもたちの作文には、「そして」と「それから」が多用されがちです。文と文の前後関係を表すつなぎ言葉を上手に使えると、文章の表現力も高まります。いろいろなつなぎ言葉を使えるようにしましょう。

【43ページの答《こた》え】1. ①4 ②4 ③3 ④3 2. しょうりゃく

かけ算《ざん》 1

べんきょうしたのは　月　日
おわったら色《いろ》ぬりしよう

下の　絵《え》を　見て　もんだいに　答《こた》えましょう。

① ミカンは、ぜんぶで　何《なん》こ　ありますか。

（　　　　）

② リンゴは、ぜんぶで　何《なん》こ　ありますか。

（　　　　）

③ クリは、ぜんぶで　何《なん》こ　ありますか。

（　　　　）

④ 1まいの　さらに　同《おな》じ　数《かず》ずつ　のって　いるのは、何《なに》と　何《なに》ですか。

（　　　　）

おうちの方へ

このページでは、まだかけ算を学習していないので、１つずつ数えたり、たし算をしたりして全部の数を求めます。④の「１まいのさらに同じ数ずつ」がかけ算につながります。

正しく つたえる「が」「を」「に」

べんきょうしたのは □月 □日

(1) つぎの □に「が」「を」「に」の どれかを 入れて、正しい 文を 作《つく》りましょう。

① 鳥《とり》□ 木□ とまる。

② 牛《うし》□ 草□ 食《た》べる。

③ 妹《いもうと》□ 花□ 水□ やる。

(2) □の 中に 入る ことばを 考《かんが》えて 文を 作《つく》りましょう。

□が □に □を □ます。

おわったら 色《いろ》ぬりしよう

● おうちの方へ ●

答えを書き入れたら、声を出して読んでみると、意味の通る文かどうかよくわかります。「が」「を」「に」をカードにして、①のような文を作ってあてはめて遊ぶと、楽しい言葉遊びができます。例えば、「みつばち[が] みつ[を] すう」の[が]と[を]を入れかえてみましょう。おもしろいですね。

【45ページの答《こた》え】①15こ ②12こ ③15こ ④リンゴとクリ

ナゾトキ☆クエスト にんじゃ へん

ステージ 3

あの おしろね…。
見はりが いるわ。
しずかに しのびこみましょう。

かたかなで 書《か》く 方《ほう》の ことばを とおって ゴールに 行《い》こう。

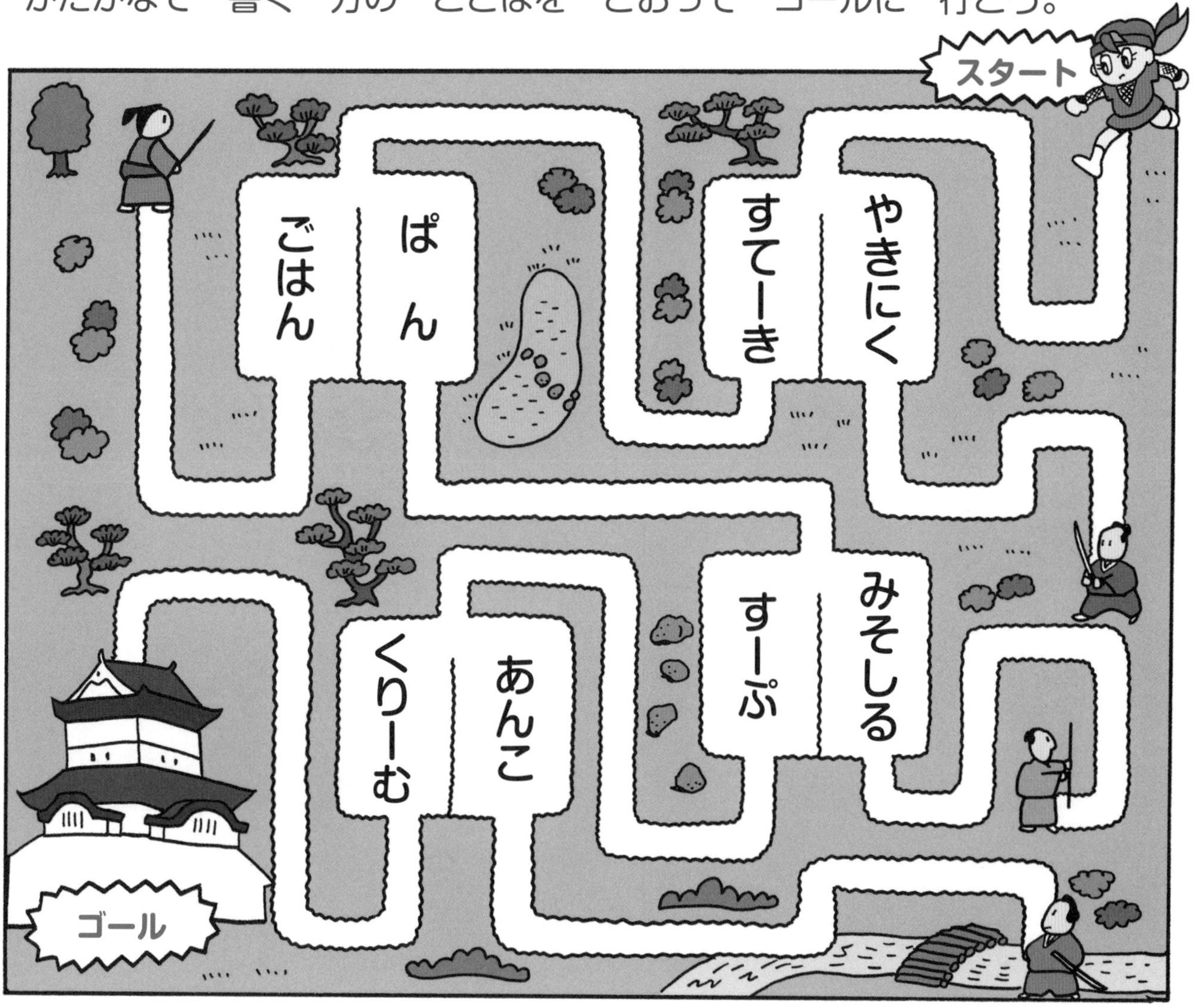

スタート
やきにく
すてーき
ぱん
ごはん
みそしる
すーぷ
あんこ
くりーむ
ゴール

61ページに つづく。

答《こた》え

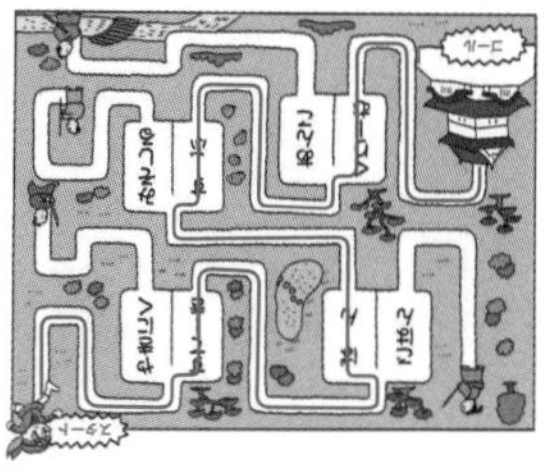

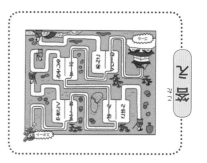

おまけ

●三角形《さんかくけい》に　色《いろ》を　ぬりましょう。何《なに》が　出て　くるでしょう。

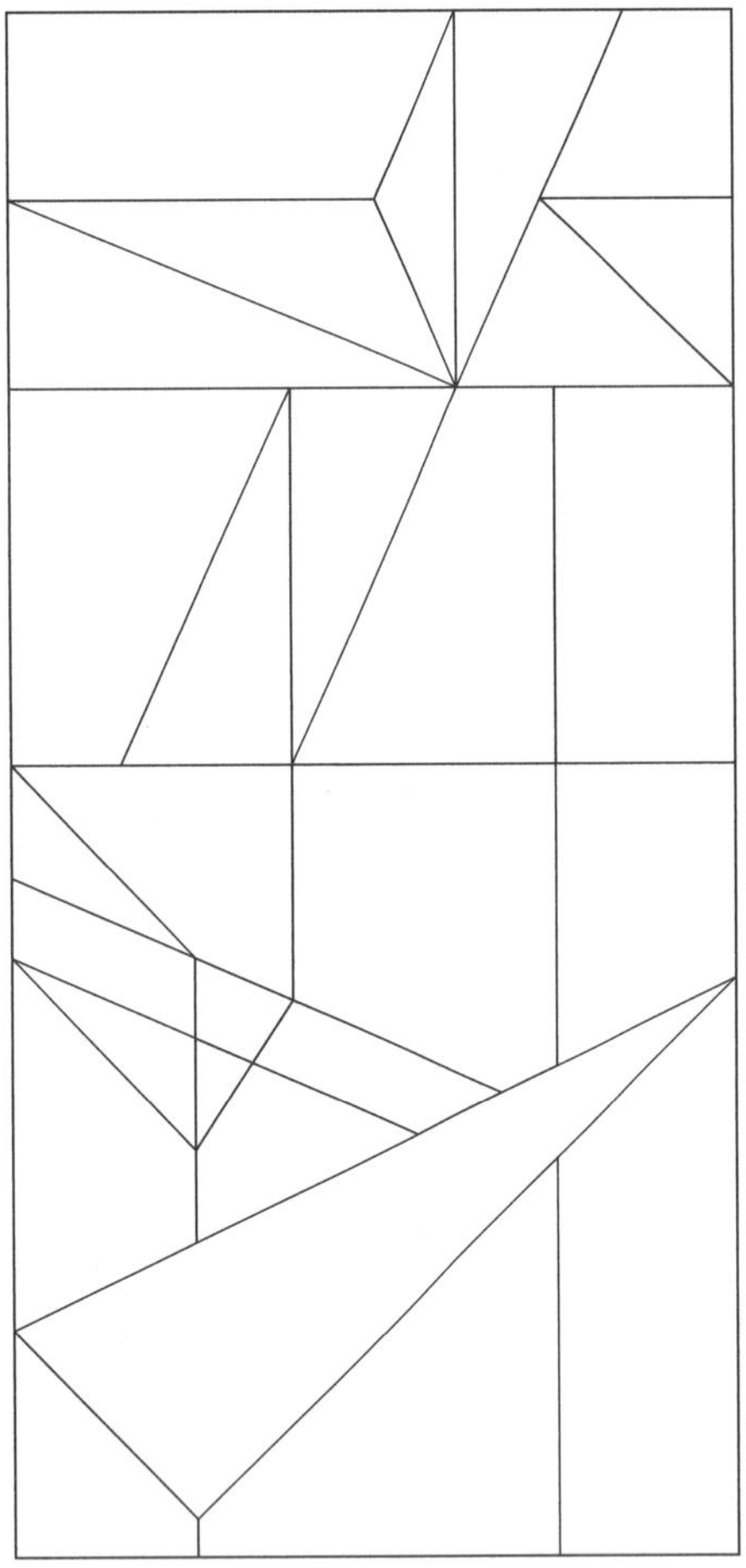

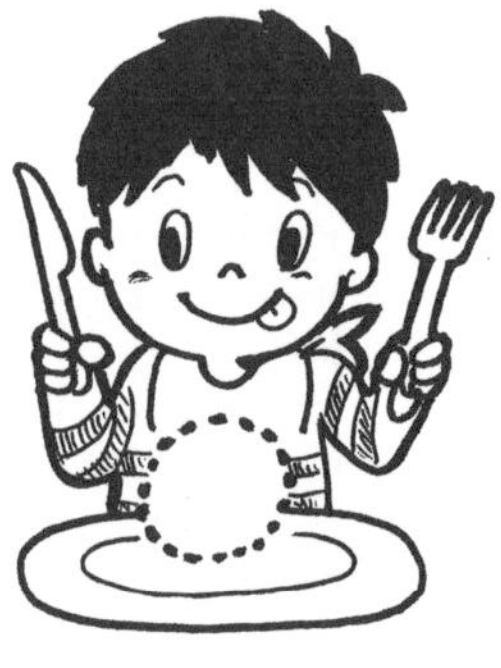

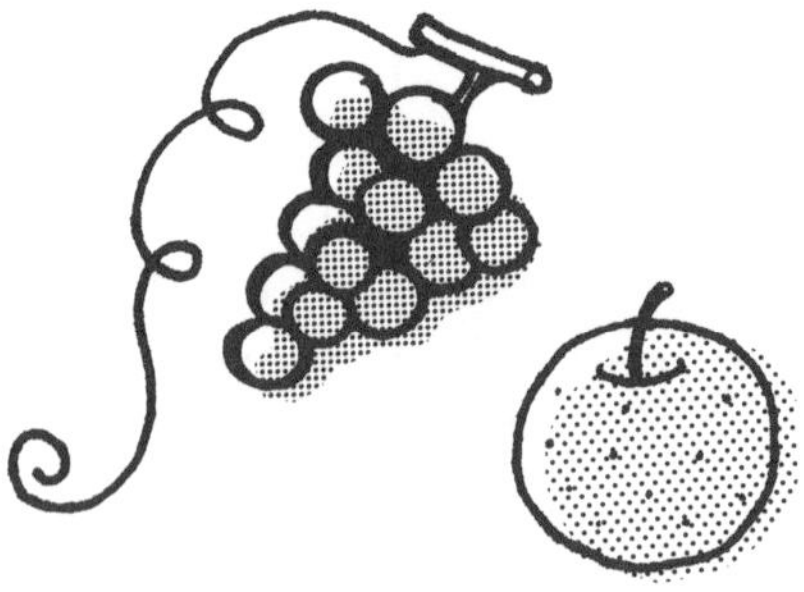

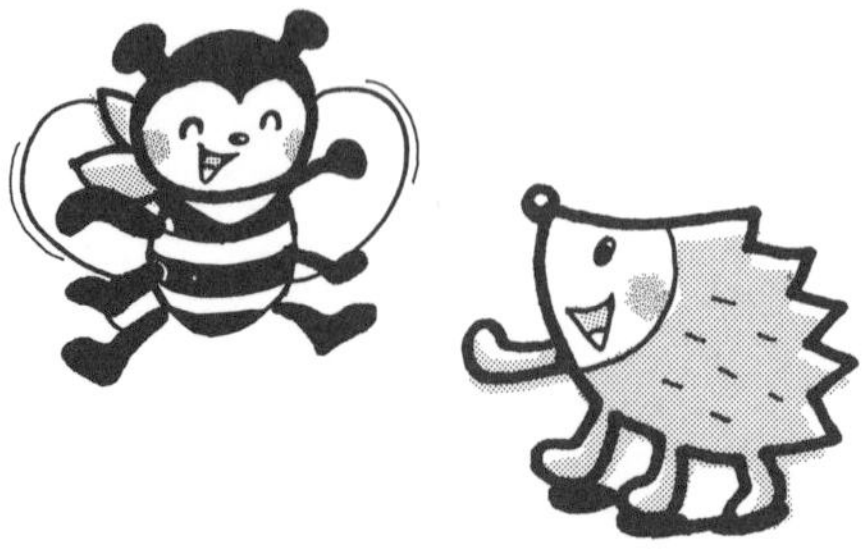

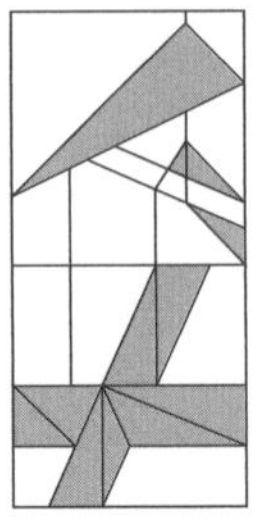

答え

ナシ

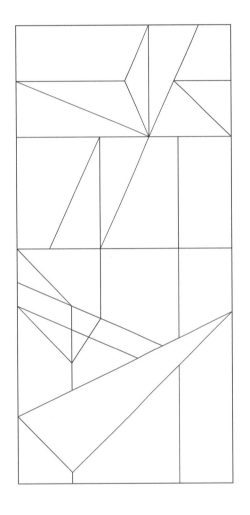

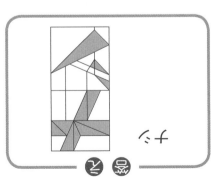

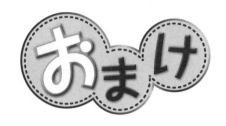

かけ算《ざん》 2

べんきょうしたのは　□月　□日

おわったら色《いろ》ぬりしよう

下の　絵《え》を　見て　考《かんが》えましょう。声《こえ》に　出して　読《よ》みましょう。

①

上の　絵《え》の　ように　リンゴが　さらに　おいて　ある　とき、ぜんぶの数《かず》を　もとめるには、たし算《ざん》を　つかいます。

3＋4＋1＝8

②

このように、1さらに　同《おな》じ　数《かず》だけ　おいて　ある　ときは、ぜんぶの　数《かず》をもとめるのに、かけ算《ざん》を　つかいます。

1さらに　4こずつ　3さらで　で　12こです。

「四　かける　三　は　十二」

$$4 \times 3 = 12$$

1あたりの　数《かず》　いくつ分《ぶん》　ぜんぶの　数《かず》

クリの　数《かず》を　もとめる　かけ算《ざん》の　しきを　書《か》きましょう。

しき　□ × □

1あたりの　数《かず》　いくつ分《ぶん》

おうちの方へ

同じ数ずつある場合、全部の数を求める計算は、かけ算を使います。（1あたりの数）×（いくつ分）＝（全部の数）という言い方を覚えさせましょう。

【50ページの答《こた》え】①がつ・つき　②しょく・た　③さく・つく　④こころ・しん　⑤ほ・ある　⑥からだ・たい

かん字の 読《よ》み方《かた》

つぎの ——を 引《ひ》いた かん字の 読《よ》み方《かた》を 書《か》きましょう。

べんきょうしたのは　月　日

① 九月に お月見を する。（　）（　）（　）

② 朝食に おにぎりを 食べた。（　）（　）

③ 工作で 船《ふね》を 作る。（　）（　）

④ 心から 心ぱい する。（　）（　）

⑤ 歩道を 歩く。（　）（　）

⑥ 体を きたえて 体力を つける。（　）（　）

同《おな》じ かん字でも、
つかい方《かた》に よって
ちがう 読《よ》み方《かた》を
することが あるよ。

おわったら
色《いろ》ぬりしよう

● おうちの方へ ●

漢字には音読みと訓読みがあります。読書をするときなど、さまざまな読み方に出会います。いろいろな読み方を身につけていくことは、文章に対する抵抗感をなくすカギの一つになります。

【49ページの答《こた》え】 5×3

かけ算《ざん》 3

べんきょうしたのは　月　日
おわったら色《いろ》ぬりしよう

ぜんぶで　いくつでしょう。□に　数《かず》を　書《か》きましょう。

①

1さらに 3 こずつ　3 さら分《ぶん》　ぜんぶで 9 こ

□ × □ ＝ □

（1あたりの　数《かず》）（いくつ分《ぶん》）（ぜんぶの　数《かず》）

②

1さらに　　こずつ　　さら分《ぶん》　で　　こ

□ × □ ＝ □

③

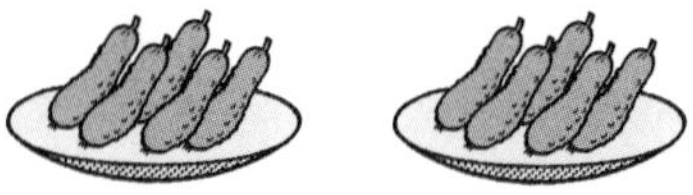

1さらに　　本ずつ　　さら分《ぶん》　で　　本

□ × □ ＝ □

おうちの方へ

「1あたりの数」「いくつ分」を考えながら数を書かせましょう。「ぜんぶの数」は、1つずつ数えさせましょう。
うす文字はなぞります。以下ほかのページでも同じです。

【52ページの答《こた》え】①日光（にっこう）②海水（かいすい）③休日（きゅうじつ）④高山（こうざん）⑤新年（しんねん）⑥前後（ぜんご）

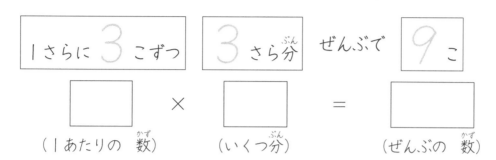

組《く》み合《あ》わせて できる ことば

べんきょうしたのは　月　日

つぎの ことばは、何《なん》と いう ことばに なるでしょうか。かん字を 書《か》き、読《よ》みがなも 書《か》きましょう。

〈れい〉食《た》べる 前 → 食前（しょくぜん）

① 日の 光 →（　　）

② 海《うみ》の 水 →（　　）

③ 休みの 日 →（　　）

④ 高《たか》い 山 →（　　）

⑤ 新《あたら》しい 年 →（　　）

⑥ 前《まえ》と 後《うし》ろ →（　　）

かん字が 二つい上 いっしょに なって、新《あたら》しい ことばが できる ことが あります（「じゅく語《ご》」と いいます）。

おわったら 色《いろ》ぬりしよう

おうちの方へ

文章を読みこなす基礎になる力の一つに熟語の力があります。多くの読み方をもつ漢字を含む熟語では、その熟語の意味を類推してすぐ辞典で確かめるようにすると、うんと力がついていきます。

【51ページの答《こた》え】①3・3・9　3×3＝9　②2・3・6　2×3＝6　③5・2・10　5×2＝10

べんきょうしたのは
　月　日
おわったら色《いろ》ぬりしよう

かけ算《ざん》 4

□に 数《かず》を 書《か》いて 5のだんの 九九を 作《つく》りましょう。できたら 読《よ》みましょう。

さくらの 花 1つに つき、花びらは 5まいです。

1あたりの 数《かず》×いくつ分《ぶん》＝ぜんぶの 数《かず》

1つにつき5まい　×　いくつ分《ぶん》　＝　ぜんぶで

① 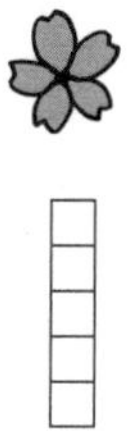

5 × 1 ＝ 5

ご　いち　が　ご

② 

□ × □ ＝ □

ご　に　じゅう

③ 

□ × □ ＝ □

ご　さん　じゅうご

④ 

□ × □ ＝ □

ご　し　にじゅう

● おうちの方へ ●

全部の数を見つけるには、手の指を見ながら、5、10、15…と言っても、1つずつ数えてもいいです。

【54ページの答《こた》え】 ①㋒ ②㋓ ③㋐

かん字の 組《く》み立《た》て 1

べんきょうしたのは　月　日

おわったら 色《いろ》ぬりしよう

つぎの ①〜③は、それぞれ 同《おな》じ ぶ分《ぶん》を もつ かん字です。下の ㋐〜㋓の どの ぶ分《ぶん》と 組《く》み合《あ》わせれば よいですか。線《せん》で むすびましょう。

① 舌 己 十 売 吾 ●

② 青 翟 月 寺 ●

③ 乍 本 可 木 ●

● ㋐ 亻（「人」と かんけいが ある 字に なる）

● ㋑ 木（「木」と かんけいが ある 字に なる）

● ㋒ 言（「ことば」に かんけいが ある 字に なる）

● ㋓ 日（「太《たい》よう」と かんけいが ある 字に なる）

おうちの方へ

㋐〜㋓のような、漢字の「同じ部分」を「部首」といいます。㋐は「にんべん」、㋑は「きへん」、㋒は「ごんべん」、㋓は「ひへん」といいます。漢字の共通する部分がみな部首になっているとは限りません。部首ごとに漢字集めをしてみるのもたいへん良い勉強になります。

【53ページの答《こた》え】①5×1＝5　②5×2＝10　③5×3＝15　④5×4＝20

かけ算《ざん》 5

べんきょうしたのは　□月　□日

おわったら色《いろ》ぬりしよう

5のだんの　九九を　作《つく》りましょう。できたら　読《よ》みましょう。

①
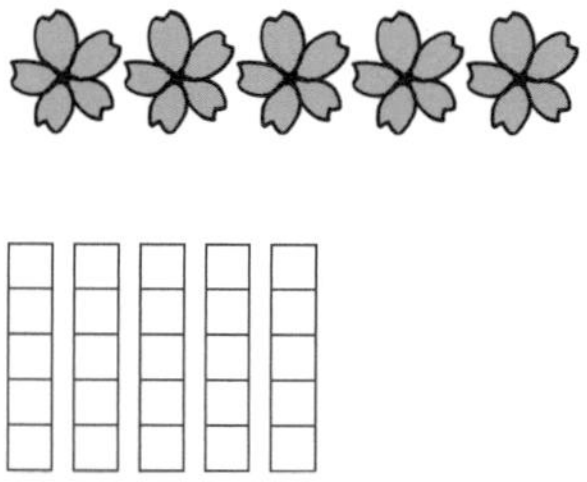

5 × 5 ＝ □

ご　ご　にじゅうご

②
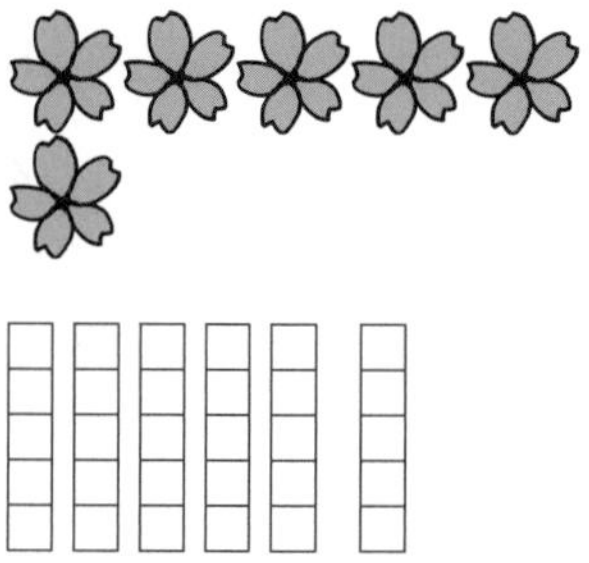

□ × □ ＝ □

ご　ろく　さんじゅう

③

□ × □ ＝ □

ご　しち　さんじゅうご

④

□ × □ ＝ □

ご　は　しじゅう

⑤

□ × □ ＝ □

ごっ　く　しじゅうご

おうちの方へ

5の段の九九作りの続きです。時間がかかってもよいので、ていねいにやらせましょう。

【56ページの答《こた》え】（順不同）①也・毎・气・舌　②首・甬・袁・斤　③泉・会・田・氏

かん字の 組《く》み立《た》て 2

左の □から かん字の ぶ分《ぶん》を えらんで □に 書《か》き、かん字を 作《つく》りましょう。

べんきょうしたのは □月 □日

①
氵□
氵□
氵□
氵□

②
辶□
辶□
辶□
辶□

③
糸□
糸□
糸□
糸□

也	斤
首	会
甬	田
毎	气
泉	氏
袁	舌

①は、「水」に かんけいが ある かん字に、②は、「みちを 行《い》く」に かんけいが ある かん字に、③は、「糸」に かんけいが ある かん字に なるよ。

おわったら 色《いろ》ぬりしよう

おうちの方へ

①は「さんずい」、②は「しんにょう」、③は「いとへん」です。「辶」は3画です。「丶（てん・1画目）、ㄋ（て）ノ（の）（2画目）、⌒（すべり台・3画目）」と書くとうまく書けます。

【55ページの答《こた》え】①5×5＝25 ②5×6＝30 ③5×7＝35 ④5×8＝40 ⑤5×9＝45

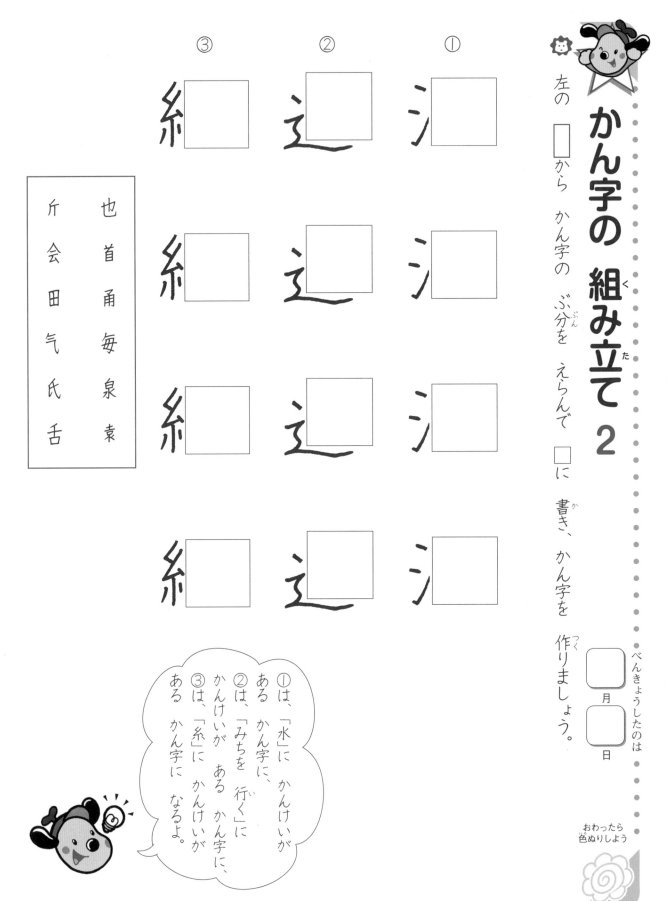

かけ算《ざん》 6

べんきょうしたのは　月　日
おわったら色《いろ》ぬりしよう

2のだんの　九九を　作《つく》りましょう。できたら　読《よ》みましょう。

きゅう食《しょく》で　1人《ひとり》に　2こずつ　イチゴが　出ました。

① 

1人につき 2こ		いくつ分《ぶん》		ぜんぶで
2	×	1	=	
に		いち	が	に

② 

	×		=	
に		にん	が	し

③ 

	×		=	
に		さん	が	ろく

④ 

	×		=	
に		し	が	はち

⑤ 

	×		=	
に		ご		じゅう

おうちの方へ

九九作りは、1つの段ごとにていねいにやらせましょう。2年生の子にとっては初めてなので、時間がかかります。

【58ページの答《こた》え】①魚が・およぐ　②百円玉が・ある　③わたしは・うれしい　④はとは・鳥だ

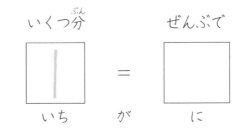

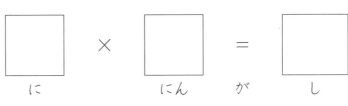

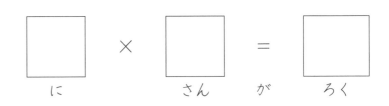

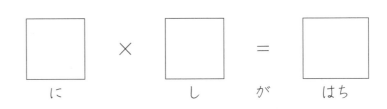

文のしくみ 1（主語《しゅご》・述語《じゅつご》）

□に 合《あ》う ことばを □から えらんで、いみの つたわる 文に しましょう。

べんきょうしたのは　月　日

①
何《なに》が（は）　魚が
どうする　。

②
何《なに》が（は）
ある（いる）　。

③
だれが（は）
どんなだ　。

④
だれが（は）
なんだ　。

「主語《しゅご》」と いいます

「述語《じゅつご》」と いいます

【主語《しゅご》】	【述語《じゅつご》】
はとは	およぐ
百円玉が	ある
わたしは	うれしい
魚《さかな》が	鳥《とり》だ

おわったら 色《いろ》ぬりしよう

おうちの方へ

主語・述語は、文を構成する基本要素です。どちらが抜けても、文の意味はよくわからなくなりますが、実際の文章ではどちらかが抜けていることもあります。そういう場合には、文脈から判断することが求められます。日常会話では、しばしばありますね。

【57ページの答《こた》え】①2×1＝2　②2×2＝4　③2×3＝6　④2×4＝8　⑤2×5＝10

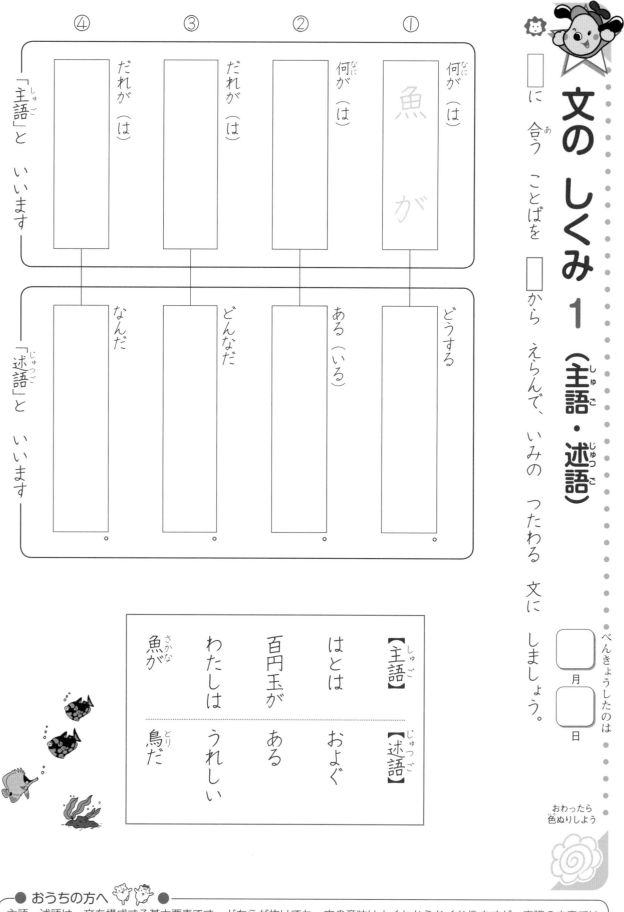

かけ算《ざん》 7

2のだんの　九九を　作《つく》りましょう。できたら　読《よ》みましょう。

① 

$\boxed{2} \times \boxed{6} = \boxed{}$

に　ろく　じゅうに

② 

$\boxed{} \times \boxed{} = \boxed{}$

に　しち　じゅうし

③ 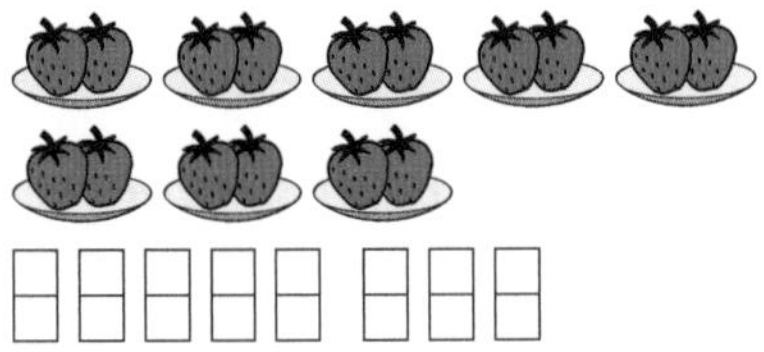

$\boxed{} \times \boxed{} = \boxed{}$

に　はち　じゅうろく

④ 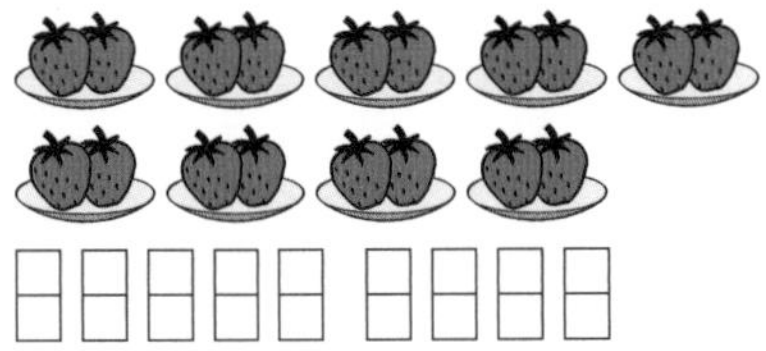

$\boxed{} \times \boxed{} = \boxed{}$

に　く　じゅうはち

おうちの方へ

「2×6＝12」の読み方は、「に かける ろく は じゅうに」で、九九の唱え方は「に ろく じゅうに」です。タイル、式と唱え方をセットで覚えさせましょう。

【60ページの答《こた》え】①兄・ジュース・のんだ　②ライオン・シマウマ・おいかけた
③親ねこ・子ねこ・そだてた

文のしくみ２（主語《しゅご》・述語《じゅつご》・目的語《もくてきご》）

□に 合《あ》う ことばを □から えらんで、文を 作《つく》りましょう。

べんきょうしたのは　□月　□日

①

だれが（は）［　　が］

何《なに》を［　　を］

どうした［　　］。

ジュース　兄《あに》　のんだ

②

だれが（は）［　　は］

何《なに》を［　　を］

どうした［　　］。

シマウマ　おいかけた　ライオン

③

だれが（は）［　　は］

何《なに》を［　　を］

どうした［　　］。

そだてた　親《おや》ねこ　子ねこ

● おうちの方へ ●

子どもたちにはむずかしい用語ですが、「何を」に当たる言葉を「目的語」といいます。目的語が抜けると、意味の通じない文になることがよくあります。

【59ページの答《こた》え】①２×６＝12　②２×７＝14　③２×８＝16　④２×９＝18

タテと ヨコの かぎを ヒントに、□に どうぶつの 名まえを 書《か》こう。□の 文字で できた ことばの へやに まきものが あるぞ！

■	①□	■	■
②④□		③	■
	■		■
■	■	⑤	□

↓タテの ます

①むかしから 人に かわれて いる。とても はなが いい。

②するどい くちばしと つめを もっている 鳥《とり》。

③森に すんで いて、コン コンと 鳴《な》く。

→ヨコの ます

④山に すんで いて しっぽが 太《ふと》い。人を だます と いわれている。

⑤家《いえ》の 中で むかしから かわれている。魚《さかな》が すき。

75ページに つづく。

答《こた》え

■	い	■	■
た	ぬ	き	■
か	■	つ	■
■	■	ね	こ

たいこ

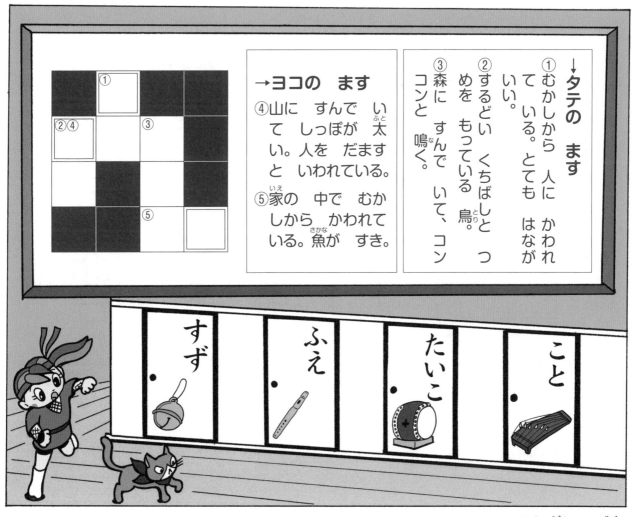

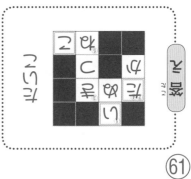

おまけ

●スタートから　ひろしくんの　家《いえ》まで　計算《けいさん》しりとりを　します。**答《こた》えの　数《かず》が　つぎの　しきの　はじめの　数《かず》に**　なった　家《いえ》の　花に　色《いろ》を　ぬりましょう。

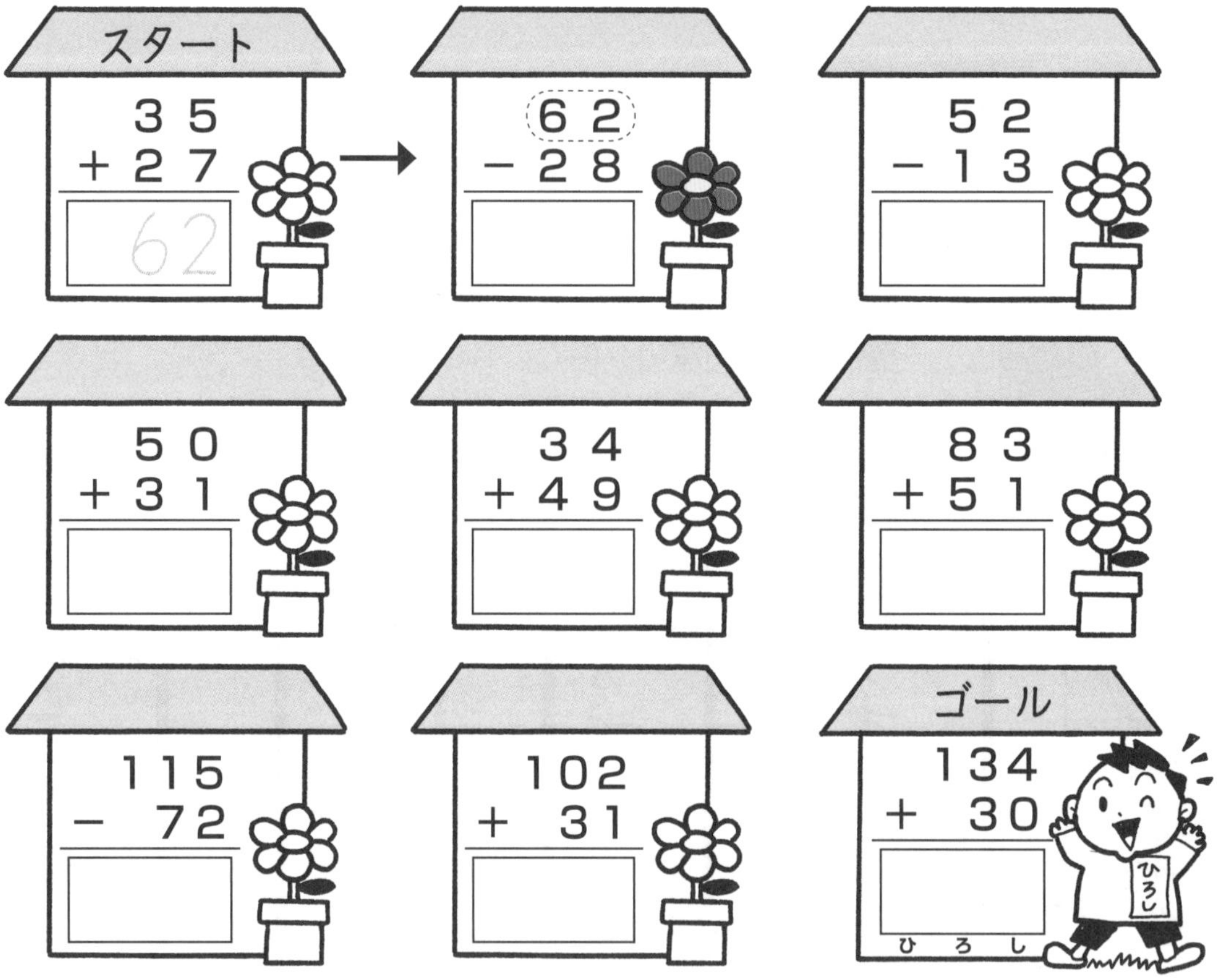

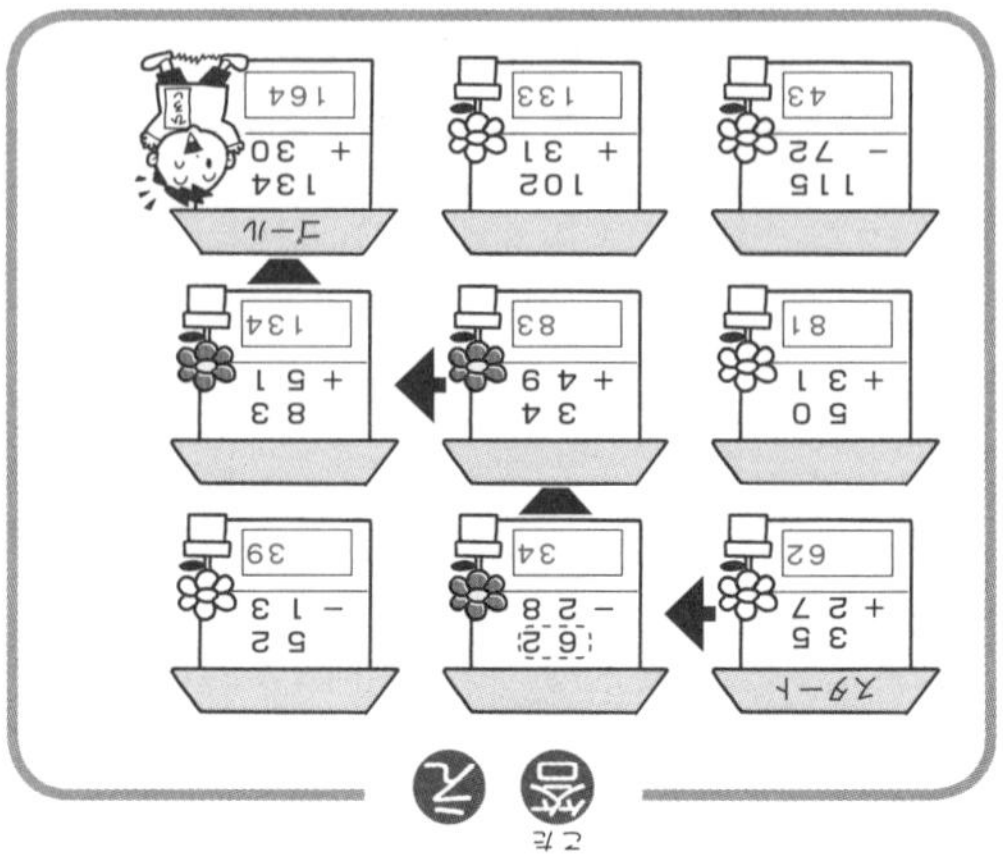

かけ算《ざん》 8

べんきょうしたのは　□月　□日
おわったら色《いろ》ぬりしよう

1.　2のだんと　5のだんの　九九を　5回《かい》ずつ　読《よ》みましょう。

〔2のだん〕

2 に	×	1 いち	= が	2 に
2 に	×	2 にん	= が	4 し
2 に	×	3 さん	= が	6 ろく
2 に	×	4 し	= が	8 はち
2 に	×	5 ご	=	10 じゅう
2 に	×	6 ろく	=	12 じゅうに
2 に	×	7 しち	=	14 じゅうし
2 に	×	8 はち	=	16 じゅうろく
2 に	×	9 く	=	18 じゅうはち

〔5のだん〕

5 ご	×	1 いち	= が	5 ご
5 ご	×	2 に	=	10 じゅう
5 ご	×	3 さん	=	15 じゅうご
5 ご	×	4 し	=	20 にじゅう
5 ご	×	5 ご	=	25 にじゅうご
5 ご	×	6 ろく	=	30 さんじゅう
5 ご	×	7 しち	=	35 さんじゅうご
5 ご	×	8 は	=	40 しじゅう
5 ごっ	×	9 く	=	45 しじゅうご

2. つぎの　計算《けいさん》を　しましょう。

① 2×6＝

② 2×7＝

③ 2×8＝

④ 2×9＝

⑤ 5×6＝

⑥ 5×7＝

⑦ 5×8＝

⑧ 5×9＝

おうちの方へ

2の段は、2・4・6・8・10が、5の段は、5・10（0）がくり返し出てくるので覚えやすい九九です。

【64ページの答《こた》え】①夏休みに・池で・ぼくは・ボートを・こいだ
②日曜日に・台どころで・わたしは・クッキーを・作った
③九月に・家で・わたしは・お月見を・する

文のしくみ3（主語《しゅご》・述語《じゅつご》・目的語《もくてきご》）

□に合《あ》うことばを□からえらんで、文を作《つく》りましょう。

べんきょうしたのは □月 □日

おわったら色《いろ》ぬりしよう

①

いつ □、どこで □ だれが（は）□ 何《なに》を □ どうした □。

こいだ　ボートを　夏休《なつやす》みに　ぼくは　池《いけ》で

②

いつ □、どこで □ だれが（は）□ 何《なに》を □ どうした □。

台《だい》どころで　わたしは　作《つく》った　クッキーを　日曜日《にちようび》に

③

いつ □、どこで □ だれが（は）□ 何《なに》を □ どうする □。

お月見を　九月に　わたしは　する　家《いえ》で

● おうちの方へ ●

「いつ」「どこで」「だれが」「何を」「どうした」は、会話のときにも文を書くときにも大切な要素です。この五つに当てはまる言葉を順番に言ったり、カードに書いて出し合ってゲームをするのも楽しいです。

【63ページの答《こた》え】1. しょうりゃく　2. ①12 ②14 ③16 ④18 ⑤30 ⑥35 ⑦40 ⑧45

かけ算《ざん》 9

べんきょうしたのは　月　日
おわったら色《いろ》ぬりしよう

3のだんの　九九を　作《つく》りましょう。
クローバー　1本あたり　3まいの　はっぱが　あります。

	1本あたり 3まい		いくつ分《ぶん》		ぜんぶ
	3	×	1	=	
		×		=	
		×		=	
		×		=	
		×		=	
		×		=	
		×		=	
		×		=	
		×		=	

● おうちの方へ ●

クローバーの葉の数をていねいに数えながら、3の段を完成させましょう。

【66ページの答《こた》え】①㋐父・母　㋑兄・弟　㋒姉・妹　㋓親　②㋐春　㋑夏　㋒秋　㋓冬
③㋐晴　㋑曇　㋒雪　④㋐東　㋑西　㋒北　㋓南

なかまの かん字 1

なかまの かん字を □ から えらんで 書《か》きましょう。

べんきょうしたのは □月 □日

① 家《か》ぞく

㋐ □（ちち） と □（はは）

㋑ □（あに） と □（おとうと）

㋒ □（あね） と □（いもうと）

㋓ □（おや）

② きせつ

㋐ □（はる）

㋑ □（なつ）

㋒ □（あき）

㋓ □（ふゆ）

③ 天気

㋐ □（は）れ

㋑ □（くも）

㋒ □（ゆき）

④ 方角《ほうがく》

㋐ □（ひがし）

㋑ □（にし）

㋒ □（きた）

㋓ □（みなみ）

親	晴	西	母	夏	姉	雪	冬	兄
父	春	南	雲	弟	妹	北	東	秋

おわったら 色《いろ》ぬりしよう

おうちの方へ

2年生で習った漢字を使っての仲間集めです。③は、１年生の漢字も含めるともっとあります。ほかに、木や花の仲間もありますね。例：「木・草・花・竹・（米・麦）」

【65ページの答《こた》え】上から ３×１＝３　３×２＝６　３×３＝９　３×４＝12　３×５＝15　３×６＝18　３×７＝21　３×８＝24　３×９＝27

かけ算《ざん》 10

べんきょうしたのは　　月　　日

おわったら色《いろ》ぬりしよう

4のだんの　九九を　作《つく》りましょう。
トンボ　1ぴきあたり　羽《はね》が　4まい　あります。

	1ぴきあたり 4まい		いくつ分《ぶん》		ぜんぶ
	4	×	1	=	
		×		=	
		×		=	
		×		=	
		×		=	
		×		=	
		×		=	
		×		=	
		×		=	

おうちの方へ

1ぴき目で羽を4枚数えたら、2ひき目は、「5、6、7、8」と数え、3びき目のときは、「9、10、11、12」と数えると簡単になります。

【68ページの答《こた》え】①㋐海　㋑岩　㋒谷　㋓里　②㋐黒　㋑黄　㋒茶　③㋐牛　㋑馬　㋒鳥　㋓魚
④㋐米　㋑麦　㋒肉　⑤㋐朝　㋑昼　㋒夜　㋓午前　㋔午後

なかまの かん字 2

なかまの かん字を □に 書《か》きましょう。

べんきょうしたのは □月 □日

おわったら 色《いろ》ぬりしよう

① 自《し》ぜん

㋐ うみ □

㋑ いわ □

㋒ たに □

㋓ ほし □

② 色《いろ》

㋐ くろ □

㋑ き □

㋒ ちゃ □

③ どうぶつ

㋐ うし □

㋑ うま □

㋒ とり □

㋓ さかな □

④ 食《た》べもの

㋐ こめ □

㋑ むぎ □

㋒ にく □

⑤ 時《とき》

㋐ あさ □

㋑ ひる □

㋒ よる □

㋓ ご □ ぜん □

㋔ ご □ ご □

● おうちの方へ ●

ほかに、毎日使っている勉強の仲間もありますね。「国語・算数・理科・社会（3年から）・生活・図画工作・体いく」。①②③は、１年で学習した漢字も含めるともっとあります。書いてみましょう。

【67ページの答《こた》え】上から４×１＝４　４×２＝８　４×３＝12　４×４＝16
４×５＝20　４×６＝24　４×７＝28　４×８＝32　４×９＝36

かけ算《ざん》 11

べんきょうしたのは　　月　　日

おわったら色《いろ》ぬりしよう

1. 3のだんと　4のだんの　九九を　声《こえ》に　出して　5回《かい》ずつ　読《よ》みましょう。

〔3のだん〕

3 さん	×	1 いち	= が	3 さん
3 さん	×	2 に	= が	6 ろく
3 さ	×	3 ざん	= が	9 く
3 さん	×	4 し	=	12 じゅうに
3 さん	×	5 ご	=	15 じゅうご
3 さぶ	×	6 ろく	=	18 じゅうはち
3 さん	×	7 しち	=	21 にじゅういち
3 さん	×	8 ぱ	=	24 にじゅうし
3 さん	×	9 く	=	27 にじゅうしち

〔4のだん〕

4 し	×	1 いち	= が	4 し
4 し	×	2 に	= が	8 はち
4 し	×	3 さん	=	12 じゅうに
4 し	×	4 し	=	16 じゅうろく
4 し	×	5 ご	=	20 にじゅう
4 し	×	6 ろく	=	24 にじゅうし
4 し	×	7 しち	=	28 にじゅうはち
4 し	×	8 は	=	32 さんじゅうに
4 し	×	9 く	=	36 さんじゅうろく

2. つぎの　計算《けいさん》を　しましょう。

① 3×6＝

② 3×7＝

③ 3×8＝

④ 3×9＝

⑤ 4×6＝

⑥ 4×7＝

⑦ 4×8＝

⑧ 4×9＝

おうちの方へ

3の段は、3×7、3×9をまちがえる子が多いです。4の段は4×7（し しち にじゅうはち）は言いにくく、まちがいやすい九九です。正しく覚えるようにさせましょう。

【70ページの答《こた》え】赤い部分に注意。①黄（つきぬける）　②角（つきぬけない）　③半（つきぬける）
④池（形に注意）　⑤声（上より短く）　⑥通（止める）
⑦聞（つきぬけない）　⑧歌（部首のまちがい）

まちがいやすい かん字 1 書《か》き

つぎの かん字は 一かしょ まちがっています。正しく 書《か》き直《なお》しましょう。

べんきょうしたのは 月 日

① 黄

② 角

③ 羊

④ 池

⑤ 声

⑥ 通

⑦ 聞

⑧ 歌

教科書《きょうかしょ》や この プリントの ほかの ページを 見ても いいよ。

おわったら 色《いろ》ぬりしよう

おうちの方へ

漢字に対する苦手意識の強い子は、たいてい細かい部分をおろそかにしています。低学年のうちから細かいところにまで気をつけて漢字を書く習慣をつけることが、大変重要です。上の学年になって学習漢字が増えても、この習慣は大切にしてほしいと思います。

【69ページの答《こた》え】 1. しょうりゃく 2. ①18 ②21 ③24 ④27 ⑤24 ⑥28 ⑦32 ⑧36

かけ算《ざん》 12

べんきょうしたのは　□月　□日
おわったら色《いろ》ぬりしよう

6のだんの　九九を　作《つく》りましょう。
クワガタムシ　1ぴきあたり　足が　6本　あります。

	1ぴきあたり 6本		いくつ分《ぶん》		ぜんぶ
	6	×	1	=	
		×		=	
		×		=	
		×		=	
		×		=	
		×		=	
		×		=	
		×		=	
		×		=	

おうちの方へ

答えの数が大きくなってきました。少しずつ面倒になってきますが、昆虫が好きな子どもたちはがんばってくれるでしょう。6・2・8・4・0がくり返し出てきます。

【72ページの答《こた》え】①イ　②ア　③ア　④イ　⑤ア　⑥イ　⑦ア　⑧ア

まちがいやすい かん字 2 おくりがな

べんきょうしたのは　月　日

おわったら
色《いろ》ぬりしよう

おくりがなの　正しい　方《ほう》に、○を　つけましょう。

① ㋐（　）明かるい　㋑（　）明るい

② ㋐（　）当たる　㋑（　）当る

③ ㋐（　）新しい　㋑（　）新らしい

④ ㋐（　）帰える　㋑（　）帰る

⑤ ㋐（　）考える　㋑（　）考がえる

⑥ ㋐（　）少くない　㋑（　）少ない

⑦ ㋐（　）細かい　㋑（　）細まかい

⑧ ㋐（　）回る　㋑（　）回わる

おうちの方へ

漢字を覚えるときは、送りがなもいっしょに覚えることが大切です。何度も書いたり読んだりして印象づけ、まちがった送りがなを見たら「変だ」と直感できるようにしましょう。⑥は「少し（すこーし）」とセットで覚えるとよいでしょう。

【71ページの答《こた》え】上から　6×1＝6　6×2＝12　6×3＝18　6×4＝24　6×5＝30　6×6＝36　6×7＝42　6×8＝48　6×9＝54

かけ算《ざん》 13

べんきょうしたのは　月　日

おわったら色《いろ》ぬりしよう

7のだんの　九九を　作《つく》りましょう。
テントウムシ　1ぴきあたり　黒《くろ》い　点《てん》が　7こです。

	1ぴきあたり 7こ		いくつ分《ぶん》		ぜんぶ
	7	×	1	=	
		×		=	
		×		=	
		×		=	
		×		=	
		×		=	
		×		=	
		×		=	
		×		=	

● おうちの方へ ●

九九で一番むずかしい段です。ていねいに式を完成させるようにしましょう。

【74ページの答《こた》え】①ひろ・のはら・なんとう・うま・はし　②こころ・がっ・な
③こんしゅう・とうばん・きんようび　④たいふう・かえ・あまど
⑤ほどう・とお・こう（さ）てん・と

二年生の かん字 1 読《よ》み

（ ）に かん字の 読《よ》みがなを 書《か》きましょう。

① 広い 野原を 何頭もの 馬が 走る。

② 心を こめて 楽器《き》を 鳴らす。

③ 今週の 当番は 金曜日だ。

④ 台風なので、帰って 雨戸を しめた。

⑤ 歩道を 通り、交さ《さ》点で 止まる。

べんきょうしたのは 月 日

おわったら 色《いろ》ぬりしよう

おうちの方へ

2年生で学習する漢字を網羅してあります。漢字の読みを書かせてから、次に漢字を書かせるパターンです。どのページも、はじめは最後まで答えを隠してやってみて、その後答えを見て確めます。まちがったものは、しっかりおさらいして4年生になるまでに完全に身につけておくようにしましょう。④「雨戸」の読み方に注意。

【73ページの答《こた》え】上から 7×1＝7 7×2＝14 7×3＝21 7×4＝28 7×5＝35 7×6＝42 7×7＝49 7×8＝56 7×9＝63

かたかなを　組《く》み合《あ》わせて　できる　かん字が　書《か》いて　ある　マスに　赤く　色《いろ》を　ぬろう。にげる　どうぐが　出て　くるぞ！

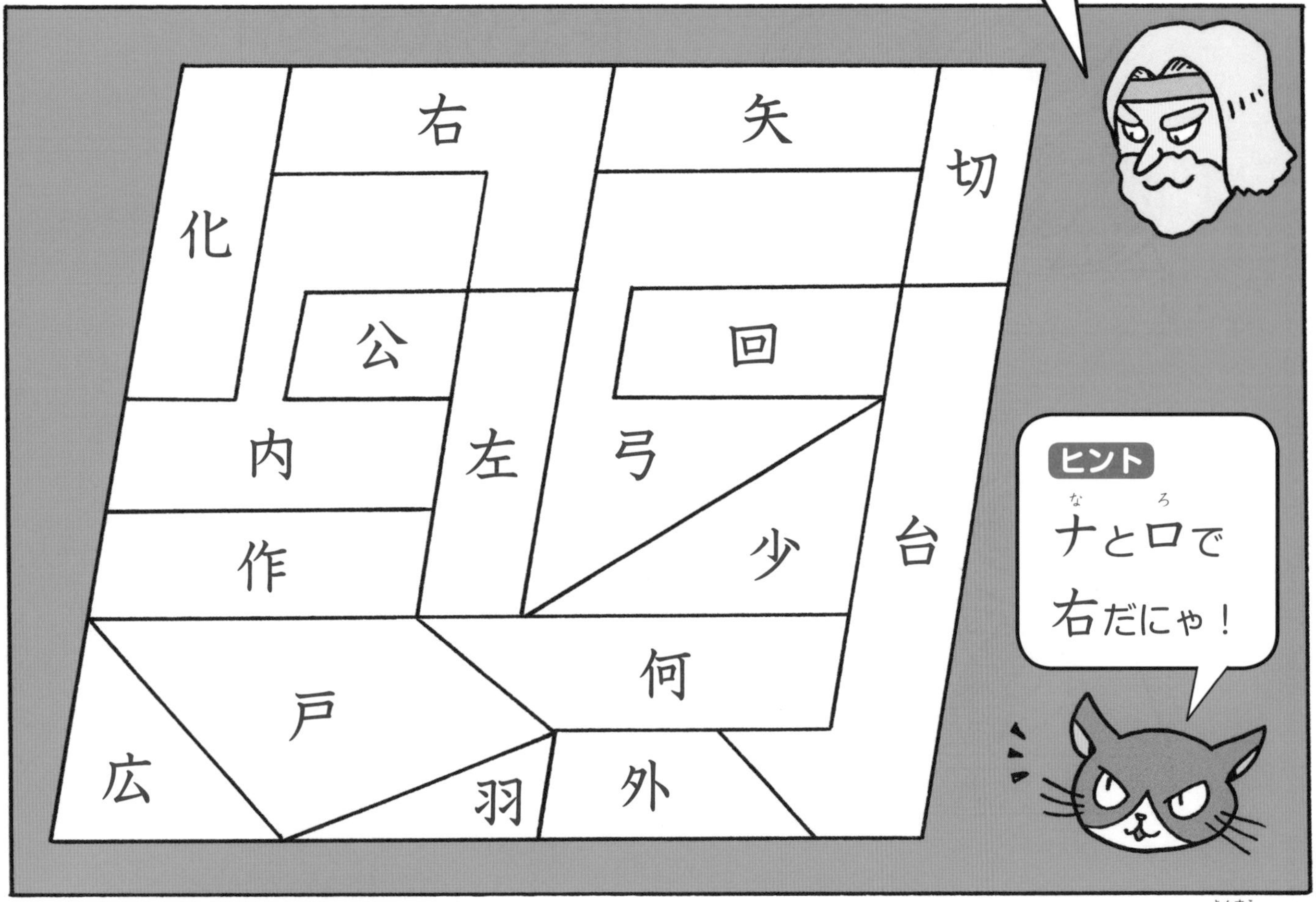

89ページから　算数《さんすう》だよ。

答《こた》え

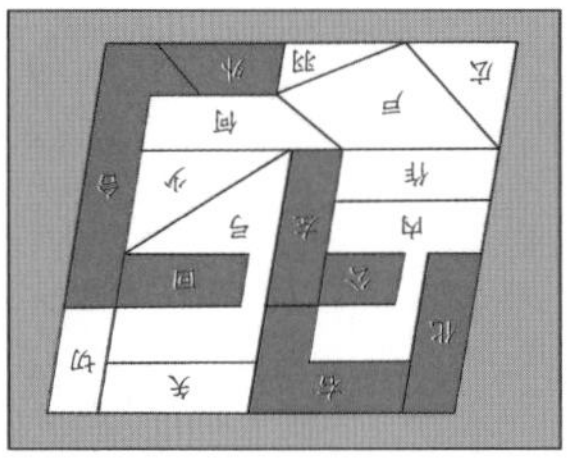

タコ

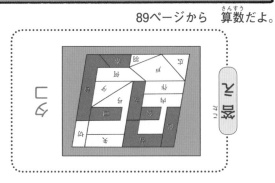

おまけ

●3×4の　しきに　なる　絵《え》は　どれでしょう。

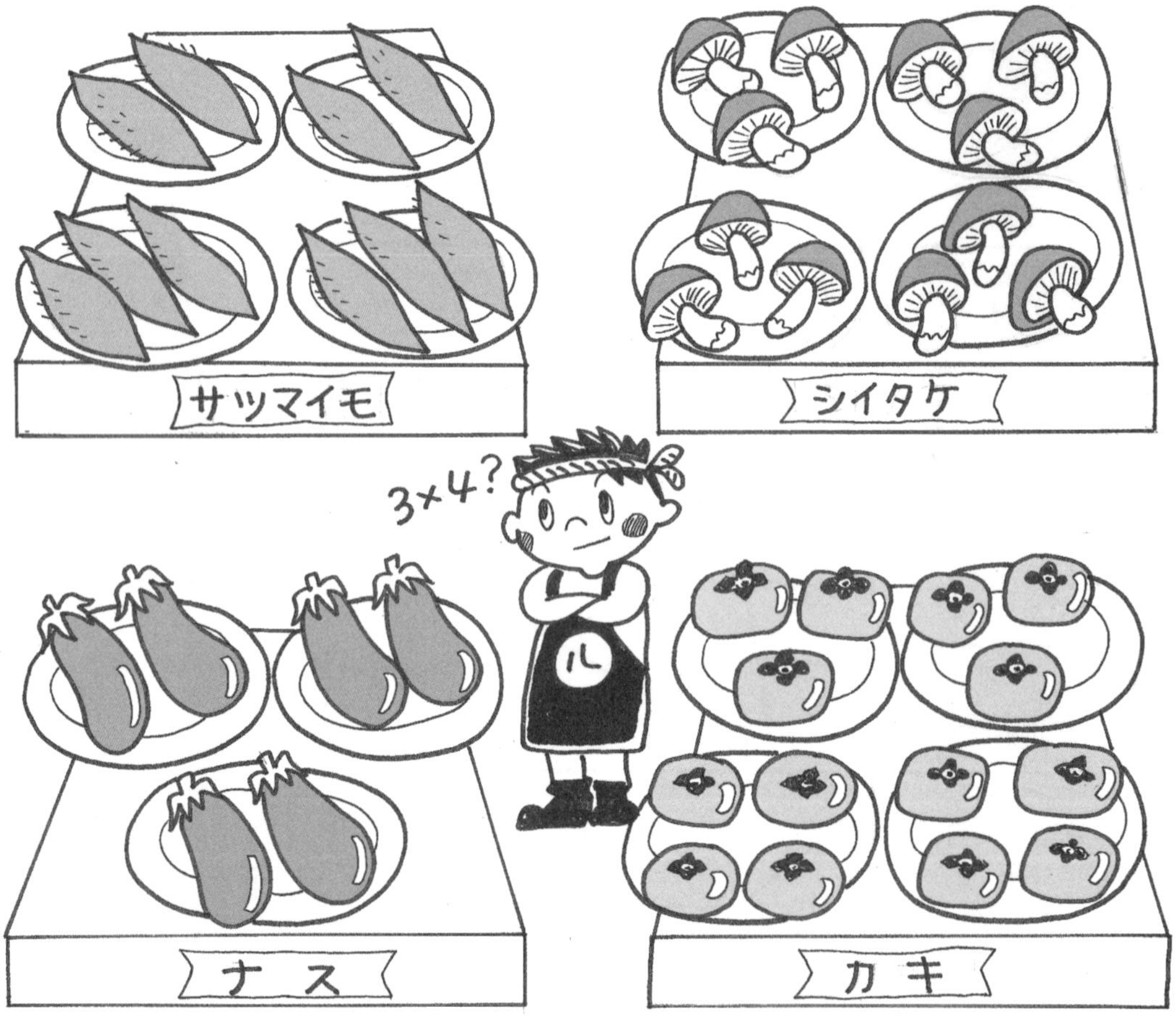

答え

シイタケ

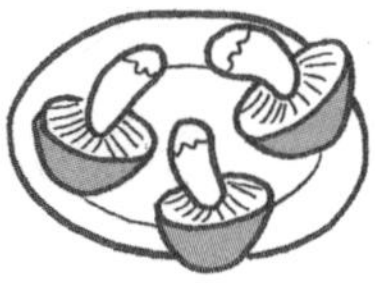

×4さら分《ぶん》

3 × 4

かけ算《ざん》 14

べんきょうしたのは　□月　□日
おわったら色《いろ》ぬりしよう

1. 6のだんと　7のだんの　九九を　10回《かい》ずつ　声《こえ》に　出して　読《よ》みましょう。

〔6のだん〕

6 ろく	×	1 いち	= が	6 ろく
6 ろく	×	2 に	=	12 じゅうに
6 ろく	×	3 さん	=	18 じゅうはち
6 ろく	×	4 し	=	24 にじゅうし
6 ろく	×	5 ご	=	30 さんじゅう
6 ろく	×	6 ろく	=	36 さんじゅうろく
6 ろく	×	7 しち	=	42 しじゅうに
6 ろく	×	8 は	=	48 しじゅうはち
6 ろっ	×	9 く	=	54 ごじゅうし

〔7のだん〕

7 しち	×	1 いち	= が	7 しち
7 しち	×	2 に	=	14 じゅうし
7 しち	×	3 さん	=	21 にじゅういち
7 しち	×	4 し	=	28 にじゅうはち
7 しち	×	5 ご	=	35 さんじゅうご
7 しち	×	6 ろく	=	42 しじゅうに
7 しち	×	7 しち	=	49 しじゅうく
7 しち	×	8 は	=	56 ごじゅうろく
7 しち	×	9 く	=	63 ろくじゅうさん

2. つぎの　計算《けいさん》を　しましょう。

① 6×6＝

② 6×7＝

③ 6×8＝

④ 6×9＝

⑤ 7×6＝

⑥ 7×7＝

⑦ 7×8＝

⑧ 7×9＝

おうちの方へ

6×7、6×8をまちがえる子が多いです。7の段は発音もむずかしいですね。速さを追求するあまり、何を言っているのかわからなくなり、答えもまちがってしまうということがないように、落ち着いてはっきり発音させましょう。

【78ページの答《こた》え】①広い・野原・何頭・馬・走る　②心・楽・鳴らす　③今週・当番・金曜日
④台風・帰って・雨戸　⑤歩道・通り・交・点・止まる

二年生のかん字 2 書《か》き

□に かん字を 書《か》きましょう。〔 〕には、かん字と おくりがなを 書《か》きましょう。

べんきょうしたのは □月□日

① 〔　〕《ひろい》□□《のはら》を□□《なんとう》もの□《うま》が〔　〕《はしる》。

② □《こころ》を こめて□器《がっき》を〔　〕《ならす》。

③ □□《こんしゅう》の□□《とうばん》は□□□《きんようび》だ。

④ □□《たいふう》なので、〔　〕《かえって》□□《あまど》を しめた。

⑤ □□《ほどう》を〔　〕《とおり》、□《こう》さ□《てん》で〔　〕《とまる》。

おわったら 色《いろ》ぬりしよう

おうちの方へ

止め・はね・はらいに注意して書かせましょう。送りがなをまちがうと、漢字の使い方として成り立ちません。いっしょに正しく覚えさせましょう。

馬（筆順に注意） 当（縦棒を長く） 風（流す） し×

【77ページの答《こた》え】 1. しょうりゃく 2. ①36 ②42 ③48 ④54 ⑤42 ⑥49 ⑦56 ⑧63

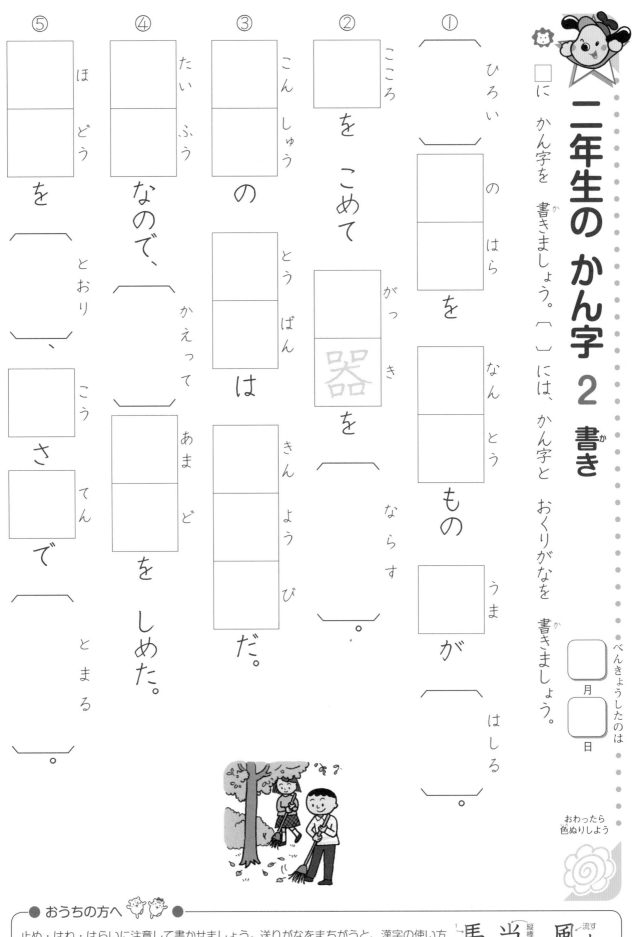

かけ算《ざん》 15

べんきょうしたのは　　月　　日
おわったら色《いろ》ぬりしよう

8のだんの　九九を　作《つく》りましょう。
タコ　1ぴきあたり　足が　8本です。

	1ぴきあたり 8本		いくつ分《ぶん》		ぜんぶ
	8	×	1	=	
		×		=	
		×		=	
		×		=	
		×		=	
		×		=	
		×		=	
		×		=	
		×		=	

おうちの方へ

8×7がまちがいやすいです。九九の答えが50台なのは54と56だけ（6×9、9×6、7×8、8×7）です。タコの足をていねいに数え、「56」を印象づけさせましょう。

【80ページの答《こた》え】①あか・あさ・ひかり・あ　②たか・こえ・うた・い
③かんが・こた・あ　④ずこう・がようし・はんぶん・き
⑤きょうだい・こがたな・ゆみや・つく

二年生の かん字 3 読《よ》み

（　）に かん字の 読《よ》みがなを 書《か》きましょう。

べんきょうしたのは　□月　□日

① 明るい 朝の 光が 当たる。

② 「高い 声で 歌いなさい。」と、言う。

③ よく 考えた 答えが 合うと うれしい。

④ 図工で 画用紙を 半分に 切る。

⑤ 兄弟で 小刀を 使《つか》って 弓矢を 作る。

おわったら
色《いろ》ぬりしよう

● おうちの方へ ●

①「光」→名詞「ひかり」、動詞「ひか－る」、③「答え」→名詞「こた－え」も動詞「こた－える」も漢字部分の読みは「こた」のみです。⑤「小刀」は刀の種類を言うときには「大刀（だいとう）」に対して「しょうとう」と読みますが、ここでは意味が違いますのでそのように読みません。

【79ページの答《こた》え】上から　8×1＝8　8×2＝16　8×3＝24　8×4＝32　8×5＝40　8×6＝48
8×7＝56　8×8＝64　8×9＝72

かけ算《ざん》 16

べんきょうしたのは　月　日

おわったら色《いろ》ぬりしよう

9のだんの　九九を　作《つく》りましょう。
1はこに　9この　チョコレートが　入って　います。

	1はこあたり 9こ		いくつ分《ぶん》		ぜんぶ
	9	×	1	＝	
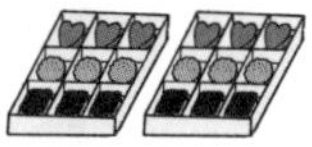		×		＝	
		×		＝	
		×		＝	
		×		＝	
		×		＝	
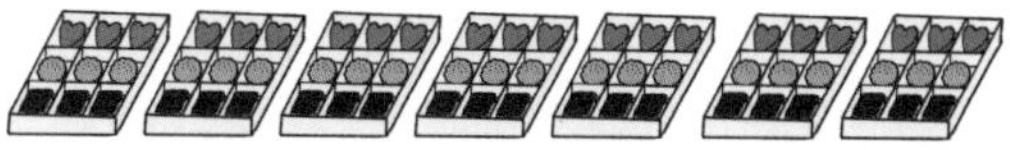		×		＝	
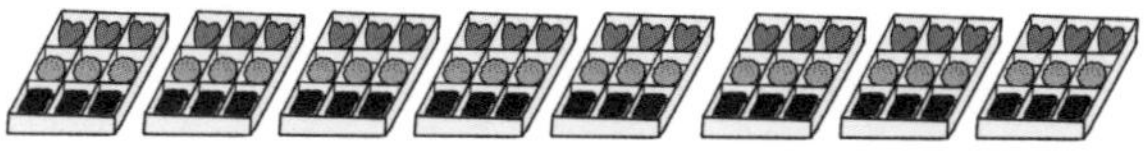		×		＝	
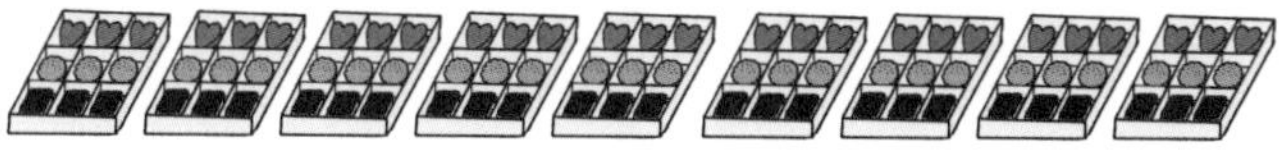		×		＝	

おうちの方へ

9の段はまちがいが少ないですが、9×4＝36は注意が必要です。9の段の一の位の数は9・8・7・6・5・4・3・2・1となります。十の位の数は1・2・3…となります。そんな発見ができたら楽しいですね。

【82ページの答《こた》え】①明るい・朝・光・当たる　②高い・声・歌い・言　③考えた・答え・合　④図工・画用紙・半分・切　⑤兄弟・小刀・弓矢・作る

二年生の かん字 4 書《か》き

□に かん字を 書《か》きましょう。〔 〕には、かん字と おくりがなを 書《か》きましょう。

べんきょうしたのは □月 □日

おわったら 色ぬりしよう

① 〔　〕《あかるい》 □《あさ》の □《ひかり》が 〔　〕《あたる》。

② 「〔　〕《たかい》 □《こえ》で 〔　〕《うたい》なさい。」と、□《い》う。

③ よく 〔　〕《かんがえた》 〔　〕《こたえ》が □《あ》うと うれしい。

④ □□《ずこう》で □□□《がようし》を □□《はんぶん》に □《き》る。

⑤ □□《きょうだい》で □□《こがたな》を 使《つか》って □□《ゆみや》を 〔　〕《つくる》。

● おうちの方へ ●

①「明るい」は、「(夜が) 明ける」と送りがなを混同しないように。⑤では字の混同に注意→「刀」と「力」、「矢」と「失」。「弓」の書き順→「ㄱ コ 弓」(3画)です。1画で書く子が多いので気をつけさせましょう。

(字形の注意) 考 半 切 分
上から つきぬける まがり あける

【81ページの答《こた》え】上から　9×1＝9　9×2＝18　9×3＝27　9×4＝36　9×5＝45　9×6＝54　9×7＝63　9×8＝72　9×9＝81

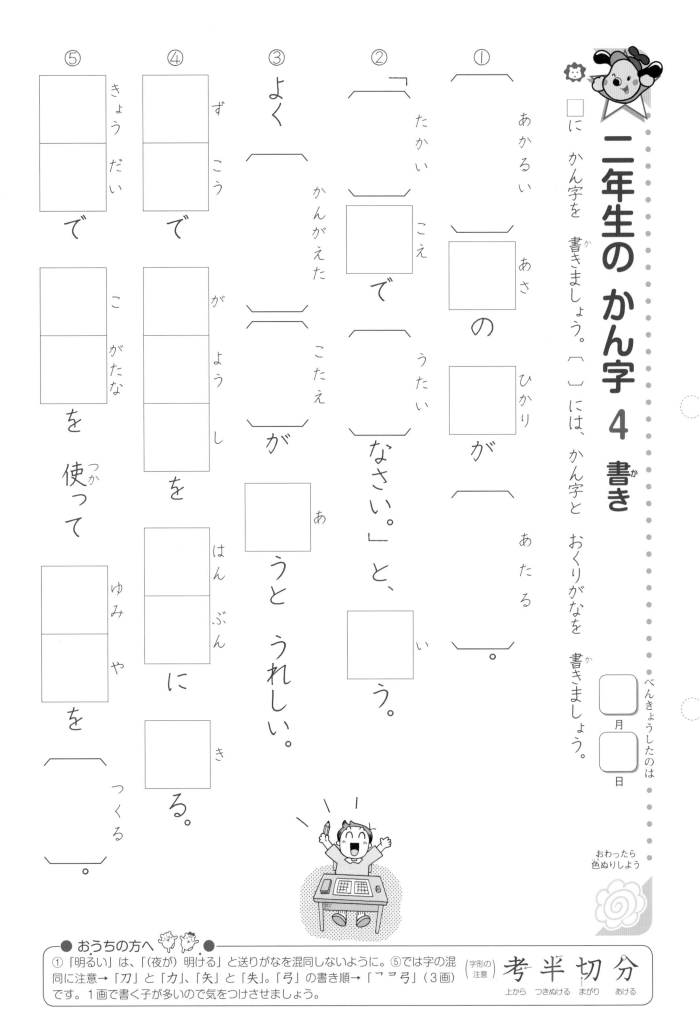

かけ算《ざん》 17

べんきょうしたのは　　月　　日

おわったら色《いろ》ぬりしよう

1. 8のだんと　9のだんの　九九を　声《こえ》に　出して　10回《かい》ずつ　読《よ》みましょう。

〔8のだん〕

8 はち	×	1 いち	= が	8 はち
8 はち	×	2 に	=	16 じゅうろく
8 はち	×	3 さん	=	24 にじゅうし
8 はち	×	4 し	=	32 さんじゅうに
8 はち	×	5 ご	=	40 しじゅう
8 はち	×	6 ろく	=	48 しじゅうはち
8 はち	×	7 しち	=	56 ごじゅうろく
8 はっ	×	8 ぱ	=	64 ろくじゅうし
8 はっ	×	9 く	=	72 しちじゅうに

〔9のだん〕

9 く	×	1 いち	= が	9 く
9 く	×	2 に	=	18 じゅうはち
9 く	×	3 さん	=	27 にじゅうしち
9 く	×	4 し	=	36 さんじゅうろく
9 く	×	5 ご	=	45 しじゅうご
9 く	×	6 ろく	=	54 ごじゅうし
9 く	×	7 しち	=	63 ろくじゅうさん
9 く	×	8 は	=	72 しちじゅうに
9 く	×	9 く	=	81 はちじゅういち

2. つぎの　計算《けいさん》を　しましょう。

① $8 \times 6 =$

② $8 \times 7 =$

③ $8 \times 8 =$

④ $8 \times 9 =$

⑤ $9 \times 6 =$

⑥ $9 \times 7 =$

⑦ $9 \times 8 =$

⑧ $9 \times 9 =$

● おうちの方へ ●

8の段では、8×6、8×7、8×8がむずかしいです。一度まちがえて覚えると、修正はなかなかできないものです。ゆっくり、はっきり九九を唱えさせましょう。

【84ページの答《こた》え】①ことし・こめ・さく・しんぶん・し　②じぶん・かお・まる・くび・ほそ
③ふる・でんち・よわ　④た・からだ・つよ・おも
⑤ごご・たの・どくしょ・じかん

二年生の かん字 5 読《よ》み

（　）に かん字の 読《よ》みがなを 書《か》きましょう。

① 今年は 米が ほう作だと 新聞で 知った。

② 自分の 顔は 丸くて 首は 細い。

③ 古い 電池は 力が 弱い。

④ よく 食べて、体を 強く しようと 思う。

⑤ 午後は 楽しい 読書の 時間だ。

べんきょうしたのは　月　日

おわったら 色《いろ》ぬりしよう

● おうちの方へ ●

①「今日」は「きょう」と「こんにち」、「今年」は「ことし」と「こんねん」、どちらも二通りの読み方があります。また「ほう作」とは、「農作物がよくできたこと」だと教えてあげましょう。②「細」→「細い」（ほそーい）、「細かい」（こまーかい）の二通りの読み方があります。

かけ算《ざん》 18

べんきょうしたのは　月　日
おわったら色《いろ》ぬりしよう

1のだんの　九九を　作《つく》りましょう。
一りん車　1台《だい》あたり　車りんが　1つです。

	1台《だい》あたり 1つ		いくつ分《ぶん》		ぜんぶ
	1	×	1	=	
		×		=	
		×		=	
		×		=	
		×		=	
		×		=	
		×		=	
		×		=	
		×		=	

おうちの方へ

1の段は、初めにきっちり確認すれば、まちがいがほとんどない段です。

【86ページの答《こた》え】①今年・米・作・新聞・知　②自分・顔・丸く・黄・細い　③古い・電池・弱い　④食べて・体・強く・思う　⑤午後・楽しい・読書・時間

二年生の かん字 6 書《か》き

□に かん字を 書《か》きましょう。〔 〕には、かん字と おくりがなを 書《か》きましょう。

べんきょうしたのは □月 □日

① □□《ことし》は□《こめ》がほう□《さく》だと□□《しんぶん》で□《し》った。

② □□《じぶん》の□《かお》は〔　　〕《まるく》て□《くび》は〔　　〕《ほそい》。

③ 〔　　〕《ふるい》□□《でんち》は力が〔　　〕《よわい》。

④ よく〔　　〕《たべて》、□《からだ》を〔　　〕《つよく》しようと〔　　〕《おもう》。

⑤ □□《ごご》は〔　　〕《たのしい》□□《どくしょ》の□□《じかん》だ。

おわったら
色《いろ》ぬりしよう

● おうちの方へ ●

②「円い」は平面での形、「丸い」は立体での形を表します。③「でんち」は「地」とよくまちがいます。注意しましょう。

（字形の注意）丸（深くまげる） 顔（ミとならないように） 聞（出ない）

【85ページの答《こた》え】上から 1×1=1 1×2=2 1×3=3 1×4=4 1×5=5 1×6=6 1×7=7 1×8=8 1×9=9

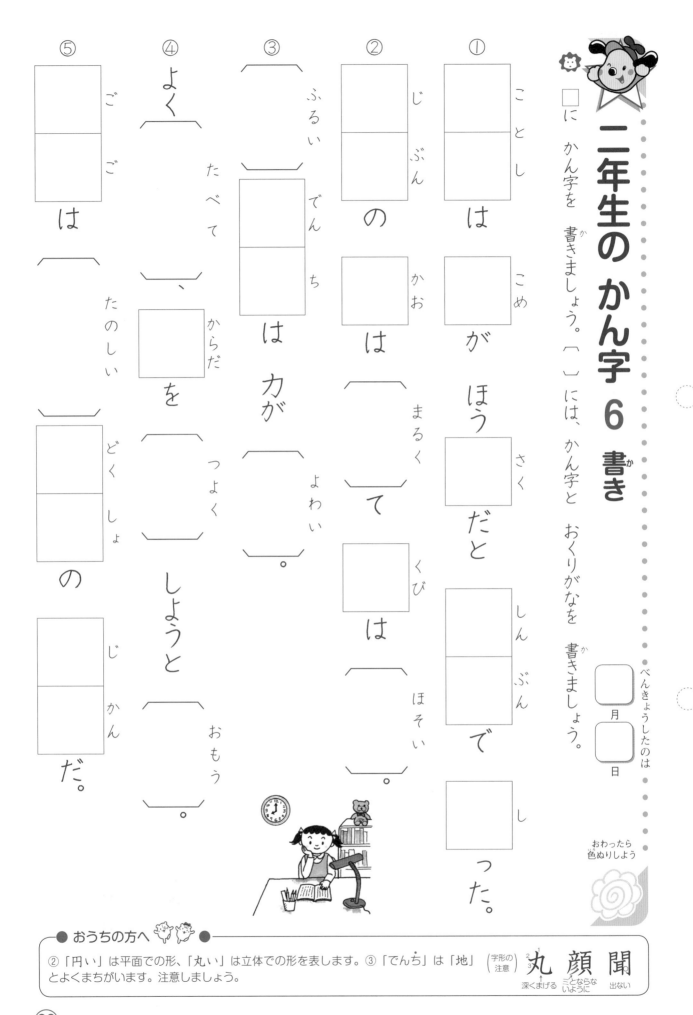

かけ算《ざん》 19

1. 1のだんの　九九を　声《こえ》に　出して　5回《かい》　読《よ》みましょう。

〔1のだん〕

1 いん	×	1 いち	= が	1 いち
1 いん	×	2 に	= が	2 に
1 いん	×	3 さん	= が	3 さん
1 いん	×	4 し	= が	4 し
1 いん	×	5 ご	= が	5 ご
1 いん	×	6 ろく	= が	6 ろく
1 いん	×	7 しち	= が	7 しち
1 いん	×	8 はち	= が	8 はち
1 いん	×	9 く	= が	9 く

2. つぎの　計算《けいさん》を　しましょう。

① 1×1＝　　④ 1×4＝　　⑦ 1×7＝

② 1×2＝　　⑤ 1×5＝　　⑧ 1×8＝

③ 1×3＝　　⑥ 1×6＝　　⑨ 1×9＝

おうちの方へ

1の段をしっかり確かめながらやらせましょう。その後の練習は少なくてすむでしょう。

【88ページの答《こた》え】①ひる・よる・なが・おな・ねん・にかい　②いちば・ぎゅうにく・さかな・か　③りかしつ・まわ・もと・くみ　④こくご・さんすう・まいにち・まな　⑤ちか・たにがわ・いわ・おお

二年生の かん字 7 読《よ》み

（　）に かん字の 読《よ》みがなを 書《か》きましょう。

べんきょうしたのは　月　日

おわったら 色《いろ》ぬりしよう

① 昼（　）と 夜（　）の 長（　）さが 同（　）じ 日（　）は 年（　）二回（　）。

② 市場（　）で 牛肉（　）と 魚（　）を 買（　）う。

③ 理科室（　）を 回（　）った 所《ところ》が 元（　）の 組（　）。

④ 国語（　）と 算数（　）は 毎日（　） 学（　）ぶ。

⑤ 近（　）くの 谷川（　）は 岩（　）が 多（　）い。

おうちの方へ

①は春分の日（3月21日ごろ）と秋分の日（9月23日ごろ）のことです。教えてあげましょう。②「市場」は「しじょう」とも読みますが、ここの意味では「いちば」と読むのが正しいですね。④「学ぶ」は子どもにはなじみの少ない読み方ですが、読めるようにしましょう。

【87ページの答《こた》え】 1. しょうりゃく　2. ①1　②2　③3　④4　⑤5　⑥6　⑦7　⑧8　⑨9

入門《にゅうもん》するには　正しい　かぎを　見つけるんじゃ。
答《こた》えが　99に　なるのが　正しい　かぎだ！

103ページに　つづく。

答《こた》え

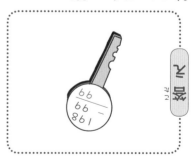

おまけ

●ピアニカの　音　わかるかな？ □に　音の　名まえを　書《か》き
ましょう。

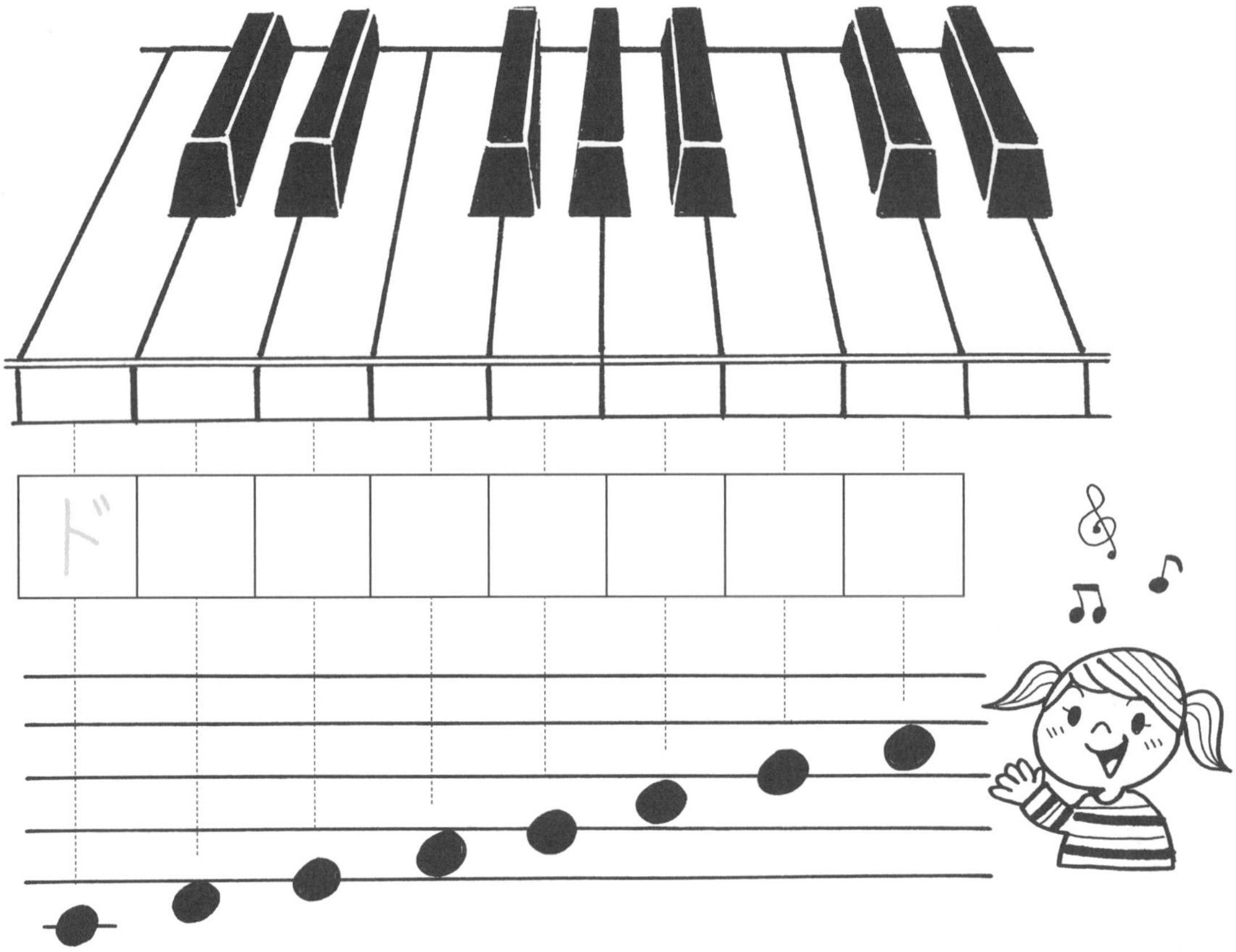

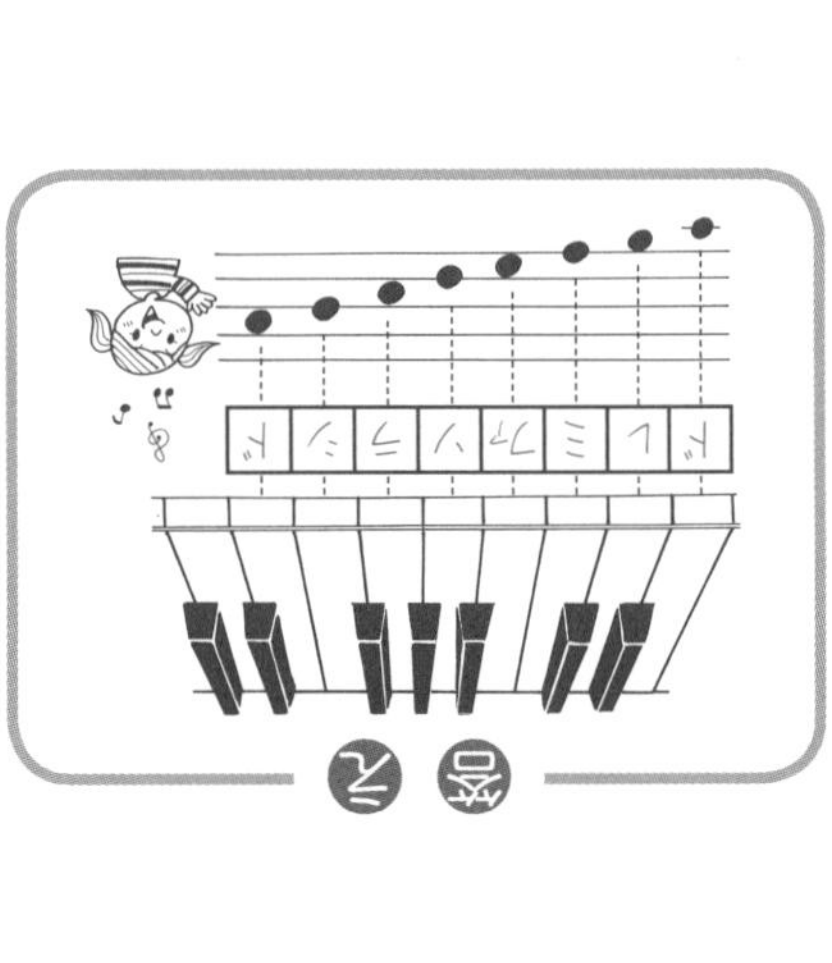

かけ算《ざん》 20

べんきょうしたのは

□月 □日

おわったら色《いろ》ぬりしよう

1. つぎの　計算《けいさん》を　しましょう。

① 6×1＝

② 6×2＝

③ 6×4＝

④ 6×3＝

⑤ 6×6＝

⑥ 6×5＝

⑦ 6×8＝

⑧ 6×9＝

⑨ 6×7＝

⑩ 7×2＝

⑪ 7×1＝

⑫ 7×3＝

⑬ 7×4＝

⑭ 7×7＝

⑮ 7×6＝

⑯ 7×5＝

⑰ 7×8＝

⑱ 7×9＝

2. つぎの　わくに　九九の　答《こた》えを　書《か》きましょう。

×	1	2	3	4	5	6	7	8	9
6のだん	6	12	18						
7のだん	7	14							

● おうちの方へ ●

1. は九九の順を少しだけくずして出しています。**2.** は九九の表づくりです。7の段を覚えてしまうようにさせましょう。

【92ページの答《こた》え】①昼・夜・長さ・同じ・年・二回　②市場・牛肉・魚・買　③理科室・回った・元・組
④国語・算数・毎日・学ぶ　⑤近く・谷川・岩・多い

二年生の かん字 8 書《か》き

□に かん字を 書《か》きましょう。〔 〕には、かん字と おくりがなを 書《か》きましょう。

べんきょうしたのは □月 □日

おわったら 色《いろ》ぬりしよう

① □《ひる》と□《よる》の〔　〕《ながさ》が〔　〕《おなじ》日は□《ねん》□□《にかい》。

② □□《いちば》で□□《ぎゅうにく》と□《さかな》を□《か》う。

③ □□□《りかしつ》を〔　〕《まわった》所《ところ》が□《もと》の□《くみ》。

④ □□《こくご》と□□《さんすう》は□□《まいにち》〔　〕《まなぶ》。

⑤ 〔　〕《ちかく》の□□《たにがわ》は□《いわ》が〔　〕《おおい》。

● おうちの方へ ●

②「市」は「亠」(なべぶた)に「巾」です。上から下まで縦線を一本にしないように。⑤「辶(しんにゅう・しんにょう)」は子どもたちにとってはむずかしい形です。「丶(てん) ろ(てノ：ての) ～(すべり台)」と教えてあげましょう。

尺 少し中から　長 筆順に注意

【91ページの答《こた》え】1. ①6 ②12 ③24 ④18 ⑤36 ⑥30 ⑦48 ⑧54 ⑨42 ⑩14 ⑪7 ⑫21 ⑬28 ⑭49 ⑮42 ⑯35 ⑰56 ⑱63 2. 6のだん：6・12・18・24・30・36・42・48・54 7のだん：7・14・21・28・35・42・49・56・63

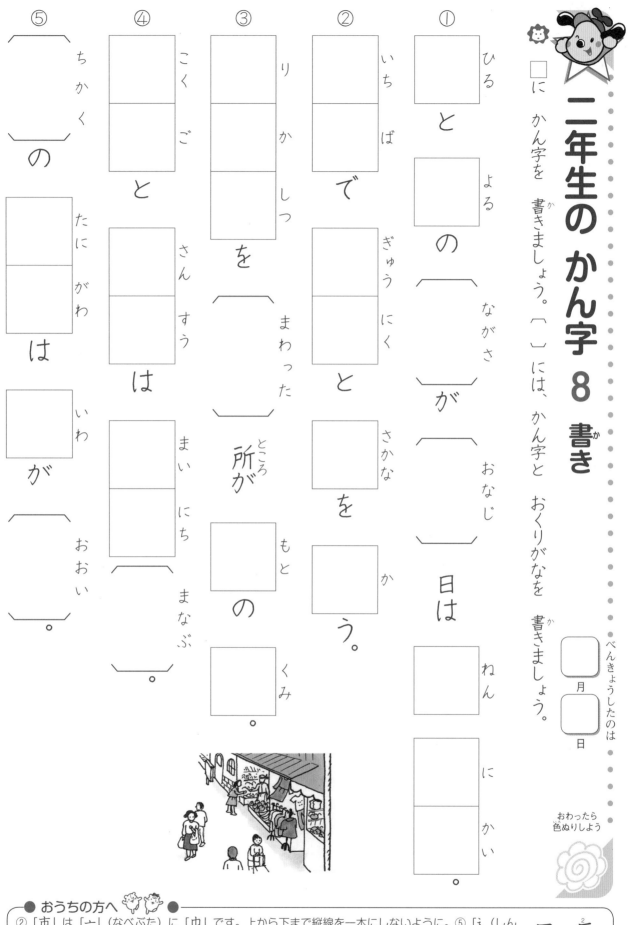

かけ算《ざん》21

べんきょうしたのは　月　日

おわったら色《いろ》ぬりしよう

1. つぎの　計算《けいさん》を　しましょう。

① 8×2＝

② 8×1＝

③ 8×3＝

④ 8×4＝

⑤ 8×5＝

⑥ 8×9＝

⑦ 8×8＝

⑧ 8×7＝

⑨ 8×6＝

⑩ 9×3＝

⑪ 9×1＝

⑫ 9×2＝

⑬ 9×5＝

⑭ 9×4＝

⑮ 9×7＝

⑯ 9×6＝

⑰ 9×9＝

⑱ 9×8＝

2. つぎの　わくに　九九の　答《こた》えを　書《か》きましょう。

×	1	2	3	4	5	6	7	8	9
8のだん	8	16							
9のだん	9	18							

おうちの方へ

6～9の段は、まちがいが目立つ段です。初めはゆっくりでいいですので、正確に覚えさせるようにしてください。

【94ページの答《こた》え】①㋑ ②㋑ ③㋐ ④㋐ ⑤㋐ ⑥㋑

まちがいやすい かん字 3 ひつじゅん

べんきょうしたのは　月　日

ひつじゅんの 正しい方《ほう》に、○を つけましょう。

① 丸

㋐（　）乁 九 丸
㋑（　）ノ 九 丸

② 長

㋐（　）一 厂 F 镸 長
㋑（　）丨 厂 F 镸 長

③ 方

㋐（　）亠 亍 方
㋑（　）亠 ナ 方

④ 何

㋐（　）亻 仁 仁 佰 何
㋑（　）亻 仁 仃 何 何

⑤ 馬

㋐（　）丨 厂 冂 馬 馬
㋑（　）一 厂 F 馬 馬

⑥ 曜

㋐（　）𣅀 𣅀 𣅀 𣅀 曜
㋑（　）𣅀 𣅀 𣅀 𣅀 曜

おわったら
色《いろ》ぬりしよう

● おうちの方へ ●

筆順を覚える方法は、しっかり何度も書いて体得させることです。自然に正しい筆順に手が動いていくまで練習しましょう。⑥「曜」は「𣅀(にちようよ) 亻'(いの) 丁(ちょう) 隹(さん)」と覚えましょう。ほかに筆順のまちがいやすい漢字には、「止・角・回・国」などがあります。

【93ページの答《こた》え】 1. ①16 ②8 ③24 ④32 ⑤40 ⑥72 ⑦64 ⑧56 ⑨48 ⑩27 ⑪9 ⑫18 ⑬45 ⑭36 ⑮63 ⑯54 ⑰81 ⑱72 2. 8のだん：8・16・24・32・40・48・56・64・72
9のだん：9・18・27・36・45・54・63・72・81

かけ算《ざん》 22

べんきょうしたのは　□月　□日

おわったら色ぬりしよう

2×6＝12　の　とき、2は　かけられる　数《かず》、6は　かける　数《かず》と　いいます。12は　答《こた》えです。

$$2 \times 6 = 12$$

かけられる　数《かず》　かける　数《かず》　答《こた》え

九九の　ひょうに　答《こた》えを　書《か》きましょう。

×		かける数《かず》								
		1	2	3	4	5	6	7	8	9
かけられる数《かず》	1									
	2									
	3									
	4									
	5									
	6									
	7									
	8									
	9									

おうちの方へ

九九の表をまちがいのないように作らせましょう。

【96ページの答《こた》え】①あき・えんそく・せいてん　②なんまん・やちょう・はね・やす　③こうえん・きいろ・え　④てら・うし・あ（き）ち・とも　⑤じっさい・あね・いもうと・しんせつ・おし

二年生の かん字 9 読《よ》み

（　）に かん字の 読《よ》みがなを 書《か》きましょう。

① 秋の 遠足は 晴天に めぐまれた。

② 何万もの 野鳥が 羽を 休める。

③ 公園で 黄色い 花の 絵を かく。

④ 寺の 後ろの 空き地で 友だちと あそぶ。

⑤ 十才の 姉が 妹に 親切に 教える。

べんきょうしたのは　月　日

おわったら
色《いろ》ぬりしよう

● おうちの方へ ●

①「晴天」とは、「空が晴れていること、天気の良いこと」と教えてあげましょう。②「野鳥」は「自然の中にいる野生の鳥」です。③「かく」→字や線、記号のときは「書く」、絵や図のときは「描く」「かく」を使います。

【95ページの答《こた》え】

× （かける数→） かけられる数↓	1	2	3	4	5	6	7	8	9
1	1	2	3	4	5	6	7	8	9
2	2	4	6	8	10	12	14	16	18
3	3	6	9	12	15	18	21	24	27
4	4	8	12	16	20	24	28	32	36
5	5	10	15	20	25	30	35	40	45
6	6	12	18	24	30	36	42	48	54
7	7	14	21	28	35	42	49	56	63
8	8	16	24	32	40	48	56	64	72
9	9	18	27	36	45	54	63	72	81

かけ算《ざん》23（マス計算《けいさん》）

べんきょうしたのは　月　日
おわったら色《いろ》ぬりしよう

つぎの　マス計算《けいさん》を　しましょう。
時間《じかん》を　計《はか》りましょう。

分《ふん》　秒《びょう》

×	6	4	9	3	5	8	1	7	2	×
4										4
6										6
2										2
5										5
9										9
1										1
7										7
8										8
3										3

※右らんの　数《かず》は、左ききの　子どもの　ために　書《か》いています。

おうちの方へ

九九をマス計算で練習すれば、たくさん学習できます。上の左の欄から右へ右へと進みます。一番右まで計算すると下の段の左側にいきます。

【98ページの答《こた》え】①秋・遠足・晴天　②何万・野鳥・羽・休める　③公園・黄色・絵
④寺・後ろ・空・地・友　⑤十才・姉・妹・親切・教える

二年生のかん字 10 書《か》き

□にかん字を書《か》きましょう。〔　〕には、かん字とおくりがなを書《か》きましょう。

べんきょうしたのは　□月　□日

① □《あき》の□□《えんそく》は□□《せいてん》にめぐまれた。

② □□《なんまん》もの□□《やちょう》が□《はね》を〔　　〕《やすめる》。

③ □□《こうえん》で□□《きいろ》い花の□《え》をかく。

④ □《てら》の〔　　〕《うしろ》の□《あ》き□《ち》で□《とも》だちとあそぶ。

⑤ □□《じっ(じゅっ)さい》の□《あね》が□《いもうと》に□□《しんせつ》に〔　　〕《おしえる》。

おわったら色ぬりしよう

● おうちの方へ ●

②「万」の筆順は「一 ㇷ 万」です。③「黄」は「黄」とするまちがいが多いです。注意しましょう。

(字形の注意)
遠 止め
晴 まっすぐおろして止める
公 はらい
羽 あける
才 少し出る

【97ページの答《こた》え】

×	6	4	9	3	5	8	1	7	2	×
4	24	16	36	12	20	32	4	28	8	4
6	36	24	54	18	30	48	6	42	12	6
2	12	8	18	6	10	16	2	14	4	2
5	30	20	45	15	25	40	5	35	10	5
9	54	36	81	27	45	72	9	63	18	9
1	6	4	9	3	5	8	1	7	2	1
7	42	28	63	21	35	56	7	49	14	7
8	48	32	72	24	40	64	8	56	16	8
3	18	12	27	9	15	24	3	21	6	3

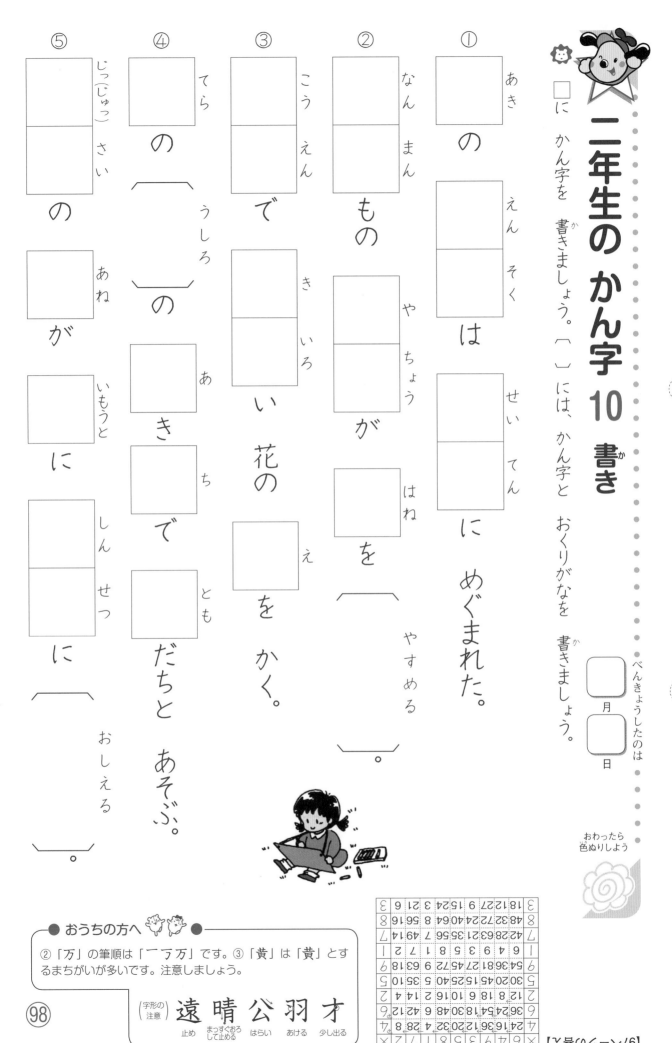

かけ算《ざん》24（マス計算《けいさん》）

べんきょうしたのは　□月　□日

おわったら色《いろ》ぬりしよう

つぎの　マス計算《けいさん》を　しましょう。
前《まえ》の　ページより　はやく　できるかな。

分《ふん》　秒《びょう》

×	1	3	7	5	8	6	9	4	2	×
4										4
1										1
3										3
8										8
6										6
2										2
5										5
9										9
7										7

※右らんの　数《かず》は、左ききの　子どもの　ために　書《か》いています。

おうちの方へ

このページをコピーするか、ノートやほかの紙を使って九九の練習をさせましょう。時間を計ることによって、上達していることがわかります。２年生では３分をめざしましょう。

【100ページの答《こた》え】①くろ・くも・にし・ほうがく　②ゆきぐに・やまざと・はる・き
③なつやすみ・せいかつ・にっき・か　④こうじょう（こうば）・みなみもん・ごぜん・はちじ
⑤うち・せん・ふと・ひ・なお

二年生の かん字 11 読《よ》み

（　）に かん字の 読《よ》みがなを 書《か》きましょう。

べんきょうしたのは　月　日

おわったら 色《いろ》ぬりしよう

① 黒い 雲は 西の 方角に ある。

② 雪国の 山里にも 春が 来た。

③ 夏休みの 生活の 日記を 書く。

④ 工場の 南門は 午前 八時に 開《あ》く。

⑤ 内がわの 線を 太く 引き直す。

● おうちの方へ ●

①「方角」とは、「東西南北」などの向きのことを表す言葉だと教えてあげましょう。④「工場」は「市場」と同じように読み方が二通りありますが、どちらの読み方でも正解です。

【99ページの答《こた》え】

×	1	3	7	5	8	6	9	4	2	×
4	4	12	28	20	32	24	36	16	8	4
1	1	3	7	5	8	6	9	4	2	1
3	3	9	21	15	24	18	27	12	6	3
8	8	24	56	40	64	48	72	32	16	8
6	6	18	42	30	48	36	54	24	12	6
2	2	6	14	10	16	12	18	8	4	2
5	5	15	35	25	40	30	45	20	10	5
9	9	27	63	45	72	54	81	36	18	9
7	7	21	49	35	56	42	63	28	14	7

長《なが》さ 1

べんきょうしたのは　□月　□日
おわったら色《いろ》ぬりしよう

1. ホワイトボードの　はばを　30cmの　ものさしを　ならべて　計《はか》りました。

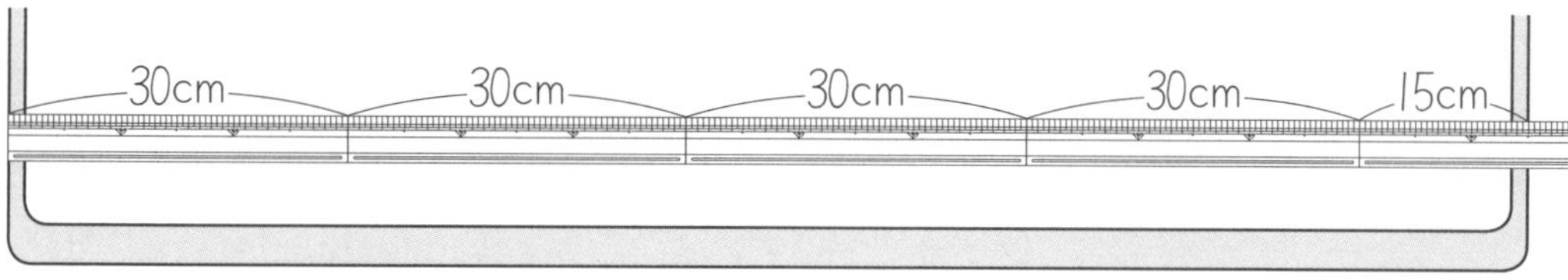

30cm
30cm
30cm
30cm
15cm

①　ホワイトボードは　何《なん》cmでしょう。　（　　　　　）

100cmを　1m（メートル）と　いいます。
mも　長《なが》さの　たんいです。

②　ホワイトボードの　はばは　何《なん》m何《なん》cmでしょう。

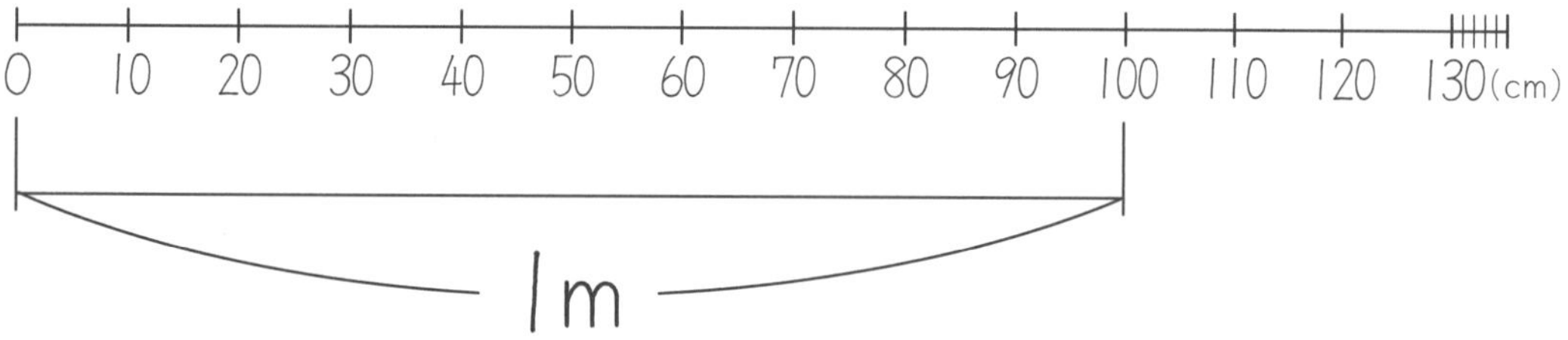

0
10
20
30
40
50
60
70
80
90
100
110
120
130(cm)
1m

m		cm
1	3	5

答《こた》え ＿＿＿＿＿＿＿＿

2. mの　書《か》き方《かた》を　れんしゅう　しましょう。

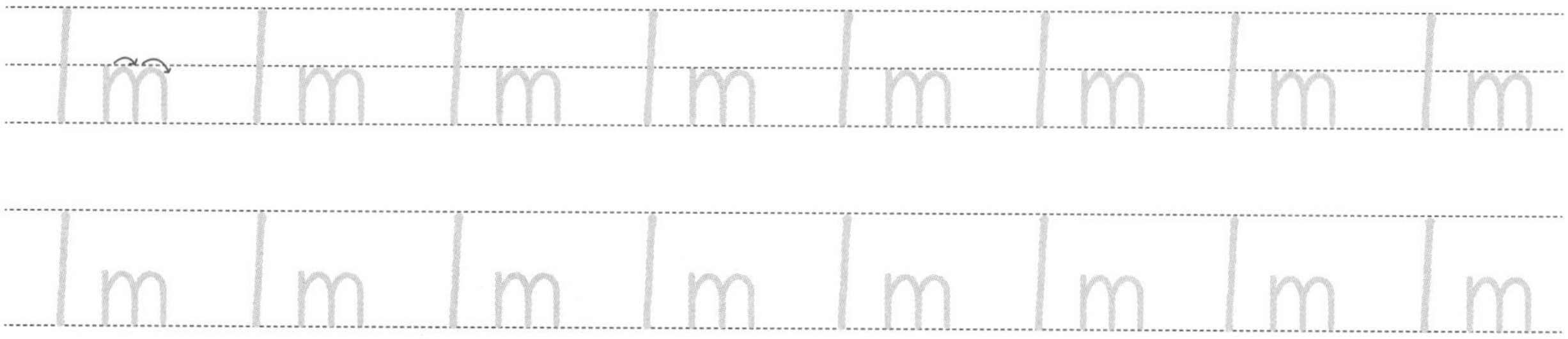

おうちの方へ

「メートル」という単位を初めて学習します。**2.** では、「m」をていねいになぞらせてください。速く書くと山が4つもできたりとへんな「m」になることがあります。

二年生の かん字 12 書《か》き

□に かん字を 書《か》きましょう。〔 〕には、かん字と おくりがなを 書《か》きましょう。

べんきょうしたのは □月 □日

① 〔　　〕《くろい》□《くも》は□《にし》の□□《ほうがく》にある。

② □□《ゆきぐに》の□□《やまざと》にも□《はる》が□《き》た。

③ 〔　　〕《なつやすみ》の□□《せいかつ》の□□《にっき》を□《か》く。

④ □□《こうじょう（こうば）》の□□《みなみもん》は□□《ごぜん》□□《はちじ》に開《あ》く。

⑤ □《うち》がわの□《せん》を〔　　〕《ふとく》□《ひ》き〔　　〕《なおす》。

おわったら 色《いろ》ぬりしよう

おうちの方へ

①「雲」や②「雪」の「あめかんむり」は「⻗」です。「雨」としないように。 （字形の注意） 西(襾) 角 前 つきぬけない 止め

⑤「直す」は「直おす」という送りがなのまちがいが多い字です。

【101ページの答《こた》え】1. ①135cm ②1ｍ35cm 2. しょうりゃく

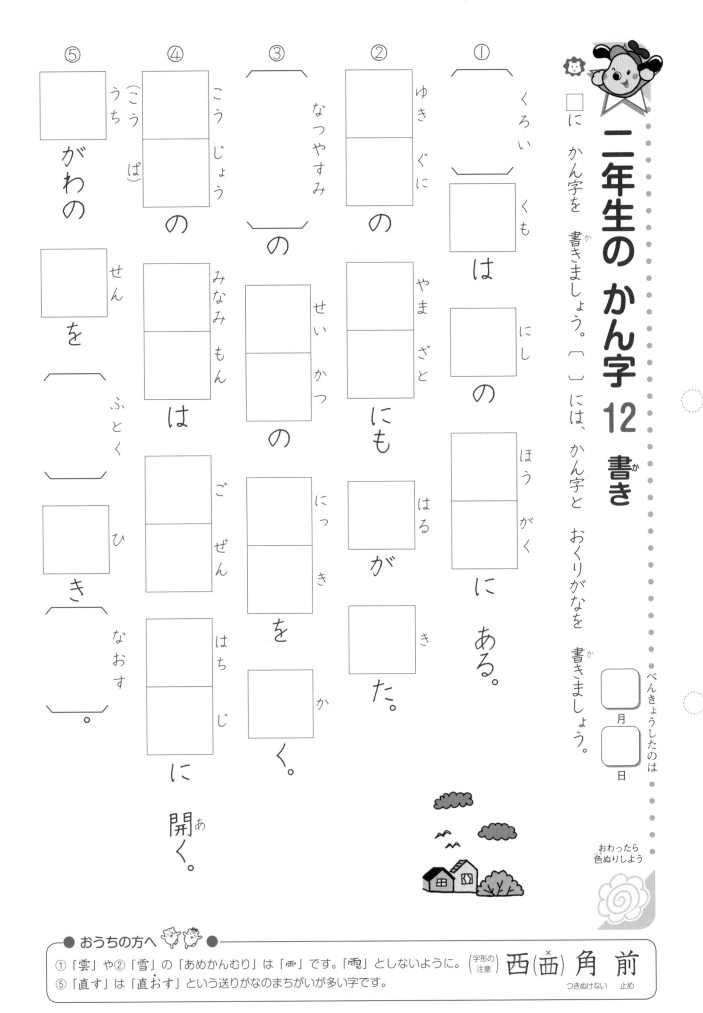

それぞれの　まとに　書《か》いて　ある　かけ算《ざん》の　答《こた》えは　いくつかな？
答《こた》えが　合《あ》うように、まとと　しゅりけんを　線《せん》で　つなごう。

117ページに　つづく。

答《こた》え

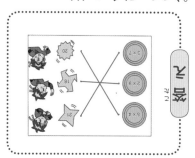

おまけ

●ぼうを　一本　たして、ちがう　かん字に　しましょう。

止 → □

二 → □

弓 → □

答え

止 → 正

二 → 三

弓 → 引

長《なが》さ ２

べんきょうしたのは　　月　　日

おわったら色《いろ》ぬりしよう

１. □に　数《かず》を　書《か》きましょう。

① １mは、１cmが □ こ　あつまった　長《なが》さです。

② １mより　50cm　長《なが》い　長《なが》さは、

□m □cm　です。

③ １mの　ものさし　４つ分《ぶん》の　長《なが》さは、

□m　です。

２. つぎの　長《なが》さを　あらわす　ときは、どんな　たんいを　つかえば　よいでしょう。（　）に　たんい（mm、cm、m）を　書《か》きましょう。

① 教科書《きょうかしょ》の　あつさは　５（　　　　）です。

② ノートの　はばは　18（　　　　）です。

③ 教室《きょうしつ》の　たての　長《なが》さは　９（　　　　）です。

④ 校しゃの　高《たか》さは　16（　　　　）です。

おうちの方へ

「m」や「cm」「mm」を声を出してきちんと読むようにさせましょう。**２.** は実物を思い浮かべながら単位を選ぶようにさせましょう。少し迷うようなら、10mm＝１cm、100cm＝１mであることを再度確認します。

【106ページの答《こた》え】①かたち・けいと・う・みせ　②とうきょう・きせん・かいしゃ・でんわ
③らいねん・ふぼ・かいがい・こう・けいかく　④ふゆ・きたかぜ・ほし
⑤か・むぎちゃ・すこ・わ

二年生の かん字 13 読《よ》み

（　）に かん字の 読《よ》みがなを 書《か》きましょう。

べんきょうしたのは　　月　　日

① 形（　）の よい 毛糸（　）の ぼう子を 売（　）る 店（　）。

② 東京（　）の 汽船（　）の 会社（　）に 電話（　）を する。

③ 来年（　）は 父母（　）と 海外（　）りょ行（　）の 計画（　）だ。

④ 冬（　）は 北風（　）が つめたいが、星（　）は きれいだ。

⑤ 家（　）ぞくに 麦茶（　）を 少（　）しずつ つぎ分（　）ける。

おわったら
色《いろ》ぬりしよう

● おうちの方へ ●

②「汽船」とは、元は蒸気を動力とした船のことをいいますが、最近では、大洋を航海するような大型の船のことを呼ぶこともあります。

【105ページの答《こた》え】1．①100 ②1・50 ③4　2．①mm ②cm ③m ④m

長《なが》さ 3

べんきょうしたのは　月　日
おわったら色《いろ》ぬりしよう

1. cmで　あらわしましょう。

① 1mは（　　　　　）cmです。

② 2mは（　　　　　）cmです。

③ 3mは（　　　　　）cmです。

④ 2m30cmは（　　　　　）cmです。

⑤ 4m23cmは（　　　　　）cmです。

2. どちらが　長《なが》いでしょう。長《なが》い　方《ほう》の（　）に　○を　つけましょう。

① （　　）㋐3m
　（　　）㋑2m89cm

② （　　）㋐4m
　（　　）㋑420cm

③ （　　）㋐5m
　（　　）㋑501cm

④ （　　）㋐1m
　（　　）㋑15cm

⑤ （　　）㋐150m
　（　　）㋑150cm

おうちの方へ

1. は、1m=100cmがしっかり理解できていればできる問題です。**2.** は、cmとmの単位を見落とさないよう、また、1m=100cmを考えながらやらせましょう。

【108ページの答《こた》え】①形・毛糸・売・店　②東京・汽船・会社・電話　③来年・父母・海外・行・計画
④冬・北風・星　⑤家・麦茶・少し・分ける

二年生のかん字14 書《か》き

□に かん字を 書《か》きましょう。〔 〕には、かん字と おくりがなを 書《か》きましょう。

べんきょうしたのは □月 □日

① □《かたち》の よい □《け》□《いと》の ぼう子を □《う》る □《みせ》。

② □《とう》□《きょう》の □《き》□《せん》の □《かい》□《しゃ》に □《でん》□《わ》を する。

③ □《らい》□《ねん》は □《ふ》□《ぼ》と □《かい》□《がい》りょ□《こう》の □《けい》□《かく》だ。

④ □《ふゆ》は □《きた》□《かぜ》が つめたいが、□《ほし》は きれいだ。

⑤ □《か》ぞくに □《むぎ》□《ちゃ》を 〔　〕《すこし》ずつ つぎ〔　〕《わける》。

おわったら 色《いろ》ぬりしよう

● おうちの方へ ●

②「汽」と蒸気・気温などの「気」を混同して「氵気」とよく書いてしまいます。

（字形の注意）売（×冖）風（×几）なだらかに

長《なが》さ 4

べんきょうしたのは　月　日

おわったら色ぬりしよう

1. しん長《ちょう》1m25cmの　けんたくんが、高《たか》さ50cmの　台《だい》に　のりました。ゆかから　頭《あたま》の　上まで　何《なん》m何《なん》cmでしょう。

しき

答《こた》え ＿＿＿＿＿＿＿＿

2. 池《いけ》の　ふかさを　はかるのに、1mの　ぼうを　つかいました。ぼうを立てると、水から　45cm　出て　いました。池《いけ》の　ふかさは　何《なん》cmでしょう。

しき

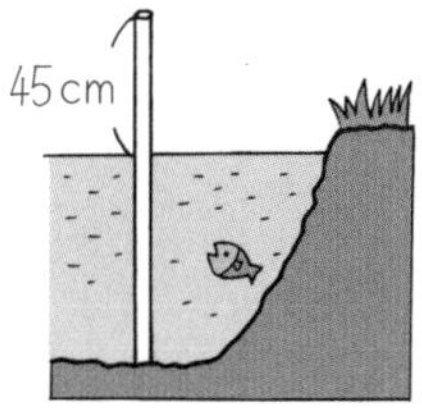

答《こた》え ＿＿＿＿＿＿＿＿

3. しん長《ちょう》130cmの　ありささんが　プールで　ふかさ1mと　書《か》いて　ある　ところに　立ちました。体《からだ》は　何《なん》cm　出て　いるでしょう。

しき

答《こた》え ＿＿＿＿＿＿＿＿

● おうちの方へ ●

長さの計算をする場合は、単位に気をつけましょう。**2．3．**は1mを100cmに直して計算します。

【110ページの答《こた》え】①ゴーン　②ガッシャーン　③カチャッ　④ジュージュー　⑤ワンワン
⑥キャッキャッ　⑦ガオーッ　⑧ホーホケキョ

かたかな 1 もの音と 鳴《な》き声《ごえ》

べんきょうしたのは　月　日

つぎの ことばを かたかなで 書《か》きましょう。

① ごおん

② がっしゃあん

③ かちゃっ

④ じゅうじゅう

⑤ わんわん

⑥ きゃっきゃっ

⑦ がおうっ

⑧ ほうほけきょ

おわったら 色《いろ》ぬりしよう

● おうちの方へ ●

かたかなで書くのは次のような言葉です。①物音や動物の鳴き声、②外国の国名、地名、人名、③外国から来た言葉（外来語）などです。「しいん」や「ぞおっ」などのような様子を表す言葉（擬態語）はふつうひらがなで書きます。

【109ページの答《こた》え】1．1m25cm＋50cm＝1m75cm　1m75cm
2．1m＝100cm　100(cm)－45(cm)＝55(cm)　55cm
3．1m＝100cm　130(cm)－100(cm)＝30(cm)　30cm

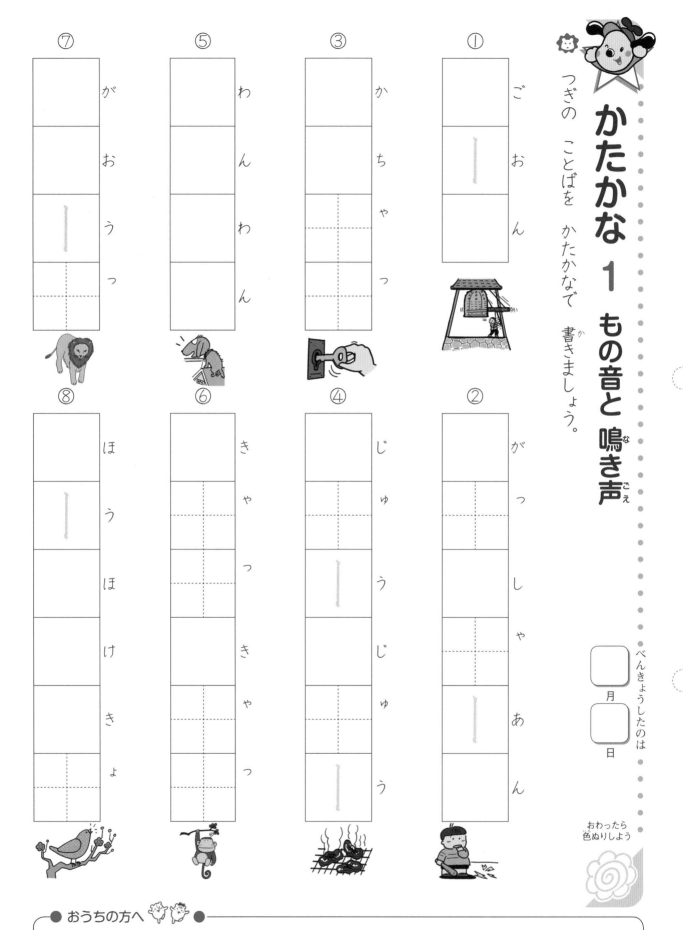

2けたの かけ算《ざん》 1

べんきょうしたのは　□月　□日

おわったら色《いろ》ぬりしよう

1. かけ算《ざん》に　ついて　考《かんが》えましょう。

① 4 × 7 ＝ 28
4 × 8 ＝ 32
4 × 9 ＝ 36

かける数《かず》が　1　大きく　なると、答《こた》えは、いくつ　大きく　なって　いますか。

（　　　　　）

② つぎの　かけ算《ざん》の　答《こた》えを　□に　書《か》きましょう。

4 × 10 ＝ □
4 × 11 ＝ □
4 × 12 ＝ □

2. つぎの　かけ算《ざん》の　答《こた》えを　□に　書《か》きましょう。

かける数《かず》 / かけられる数《かず》	8	9	10	11	12
2のだん	16	18			
5のだん	40	45			
7のだん	56	63			
9のだん	72	81			

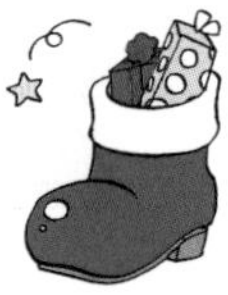

● おうちの方へ ●

ここでは、かける数が１大きくなると、答えは、かけられる数の数だけ大きくなることを見つけられればいいです。５×11＝55などがパッとわかることは必要ではありません。ゆっくりやらせてください。

【112ページの答《こた》え】①ニュートン　②ガリレオ　③ファーブル　④ショパン　⑤ナイアガラ　⑥アマゾン　⑦フィリピン　⑧ギリシャ

かたかな 2 外国《がいこく》の 土《と》地《ち》や 人の 名《な》前《まえ》

つぎの ことばを かたかなで 書《か》きましょう。

べんきょうしたのは □月 □日

① にゅうとん
（いん力を見つけた人）

② がりれお
（ゆう名な科学《かがく》しゃ）

③ ふぁあぶる
（こん虫記《ちゅうき》の作《さく》しゃ）

④ しょぱん
（ゆう名な音楽家《おんがくか》）

⑤ ないあがら
（カナダとアメリカの間《あいだ》の大きなたき）

⑥ あまぞん
（ブラジルの大きな川）

⑦ ふぃりぴん
（日本の南《みなみ》にあるたくさんのしまでできた国《くに》）

⑧ ぎりしゃ
（オリンピックのはじまった国《くに》）

①②③④は、外国《がいこく》の 人の 名前《なまえ》、
⑤⑥⑦⑧は、外国《がいこく》の 国《くに》や 場所《ばしょ》の 名前《なまえ》だよ。

おわったら
色《いろ》ぬりしよう

おうちの方へ

世界地図や地球儀を見て、世界の国々や都市の名前を読んでみるのも楽しいことです。また、外国の人の伝記を読むとたくさんのかたかなが出てきます。楽しみながら、かたかなに親しむ機会が増えるよう工夫しましょう。小さく書く「ぁ」や「ぃ」は学校では必ず学習するわけではありませんが、ここでは練習しましょう。

【111ページの答《こた》え】1. ①4 ②40・44・48
2. 2のだん 20・22・24 | 5のだん 50・55・60 | 7のだん 70・77・84
9のだん 90・99・108

2けたの　かけ算《ざん》 2

べんきょうしたのは　□月　□日
おわったら色《いろ》ぬりしよう

1. 9×3=27　です。□に　答《こた》えを　書《か》きましょう。

①　10×3＝□　　②　11×3＝□

③　10×5＝□　　④　11×5＝□

2. かけ算《ざん》に　ついて　考《かんが》えましょう。

①

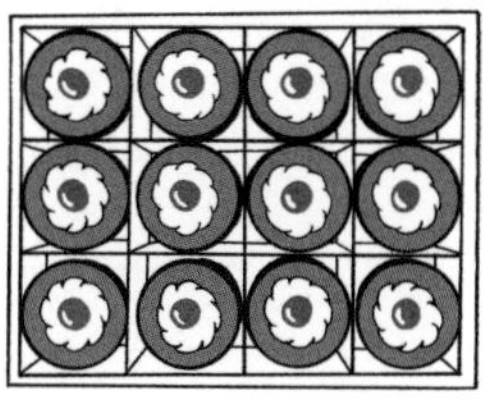

はこに　おかしが　あります。たてに　3こずつ、4れつ　あります。ぜんぶで　なんこでしょう。

しき

答《こた》え＿＿＿＿＿＿

②

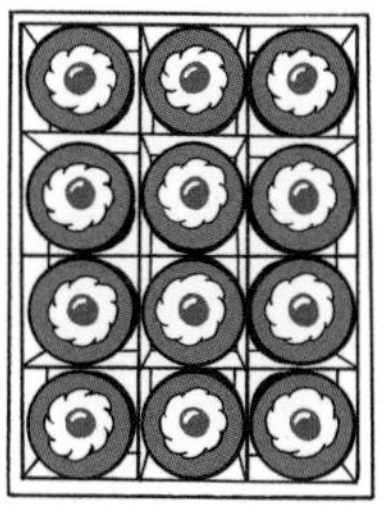

①の　はこを　たて長《なが》に　しました。おかしは　ぜんぶで　なんこでしょう。

しき

答《こた》え＿＿＿＿＿＿

①②の　ことから　3×4＝4×3　ということが　わかります。

3. □に　数《かず》を　書《か》きましょう。

①　5×6＝6×□　　②　8×3＝3×□

③　9×7＝□×9　　④　7×6＝□×7

おうちの方へ

1. は、かける数が同じで、かけられる数が1ふえると答えは、かける数だけ大きくなることに気づく学習です。
2. 3. は、かけ算は「かけられる数とかける数を入れかえても答えは同じ」ということに気づかせます。

【114ページの答《こた》え】①メロン・ジュース　②ミュージカル・コンサート　③スパゲッティ・チーズ
④キャッチャー・ミット・ボール

かたかな 3 外国《がいこく》から 来《き》た ことば

かたかなで 書《か》く ことばに ——を 引《ひ》いて、かたかなに 直《なお》しましょう。

べんきょうしたのは　月　日

①めろんの じゅうすが すきだ。（のばす 音 一つ）

（　　　　）（　　　　）

②みゅうじかるや こんさあとに 行《い》きたい。（のばす 音 二つ）

（　　　　）（　　　　）

③すぱげってぃに こなの ちいずを かけて 食《た》べた。（のばす 音 一つ）

（　　　　）（　　　　）

④きゃっちゃあが みっとで ぼうるを うけた。（のばす 音 二つ）

（　　　　）（　　　　）（　　　　）

おわったら 色《いろ》ぬりしよう

● おうちの方へ ●

かたかなの総仕上げの問題です。少しむずかしいかもしれませんが、チャレンジしてみましょう。毎日の暮らしの中にもたくさんのかたかながあふれています。集めて書いてみると力がつきますよ。

【113ページの答《こた》え】1.①30 ②33 ③50 ④55　2.①3×4＝12 12こ ②4×3＝12 12こ
3.①5 ②8 ③7 ④9

べんきょうしたのは　□月　□日
おわったら色《いろ》ぬりしよう

10000までの 数《かず》 1

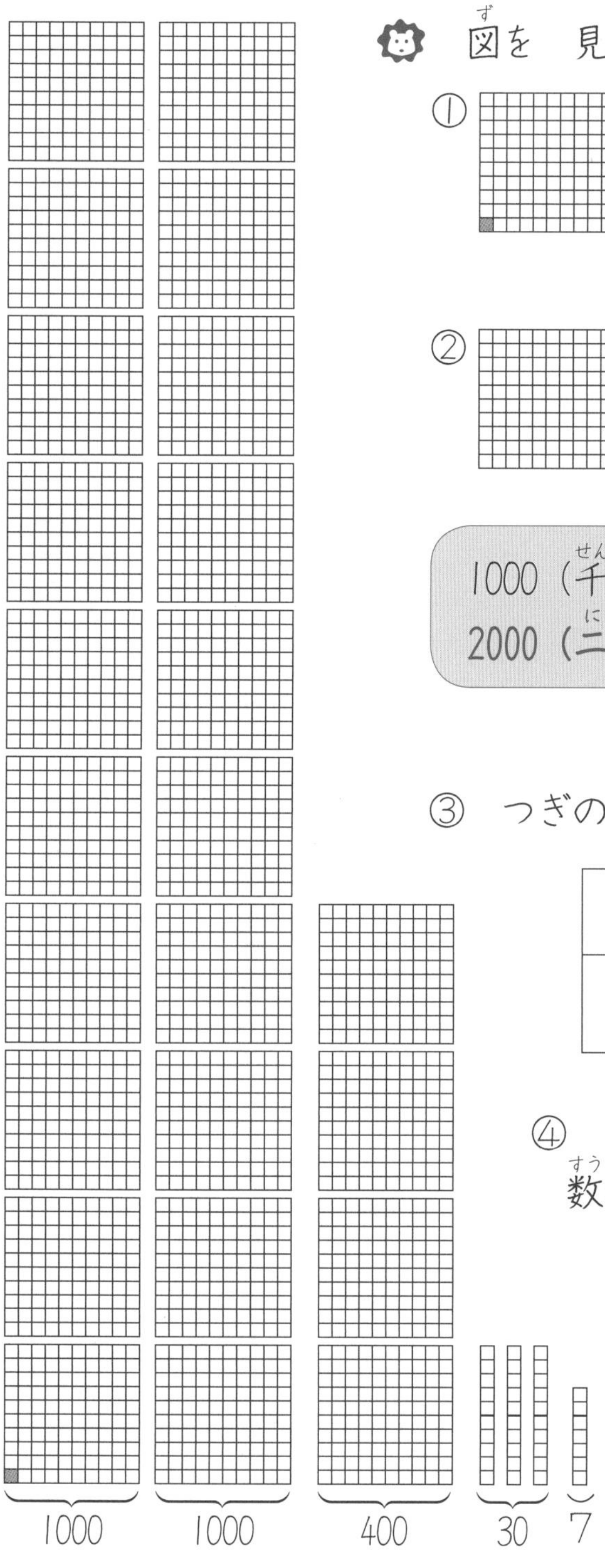

図《ず》を　見て　考《かんが》えましょう。

① は　■が100あります。左の　図《ず》には、100の　あつまりは　いくつ　ありますか。

（　　　　）

② が　10こ　あつまると、

（ 1000 ）

1000（千《せん》）を　2こ　あつめた　数《かず》を
2000（二千《にせん》）と　いいます。

③ つぎの　ひょうに　■の　数《かず》を　書《か》きましょう。

千の くらい	百の くらい	十の くらい	一の くらい

④ ■は　ぜんぶで　いくつ　あるでしょう。
数字《すうじ》で　書《か》きましょう。

（　　　　）

二千四百三十七と
読《よ》みます。

● おうちの方へ ●

1000までの数は学習しましたが、1000より大きくなると、とてもたくさんだと感じるでしょう。1が10で十の位に、10が10で百の位に、100が10で千の位になります。10倍で次の位になることが大切なことです。

【116ページの答《こた》え】①四回　②二月三日か四日（「立春の前の日」でも可）
③こよみのうえで、この日から春になるという日　④大みそか

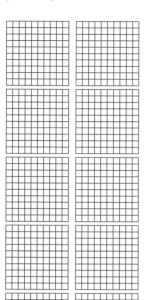

読《よ》みとりもんだい 1

せつ明文《めいぶん》①

べんきょうしたのは　□月　□日

おわったら色《いろ》ぬりしよう

せつ分《ぶん》 (1)

せつ分《ぶん》は、もとは、年四回《よんかい》 ありました。きせつの うつりかわる 前《まえ》の 日を そうよんだのです。

今、せつ分《ぶん》は、立春《りっしゅん》の 前《まえ》の 日の ことです。毎年《まいねん》、二月三日か 四日です。

立春《りっしゅん》と いうのは、こよみの うえで、この 日から 春《はる》に なると いう 日です。

むかし、立春《りっしゅん》を 一年の はじめの 元日《がんじつ》と した ことが ありました。立春《りっしゅん》を 元《がん》日《じつ》と すると、せつ分《ぶん》は、立《りっ》春《しゅん》の 前《まえ》の 日なので、大みそかに なる わけです。

上の 文しょうを 読《よ》んで 答《こた》えましょう。

① もとは、せつ分《ぶん》は 年 何回《なんかい》でしたか。

（　　　　）

② 今《いま》、せつ分《ぶん》は いつですか。

（　　　　）

③ 立春《りっしゅん》と いうのは、どういう 日ですか。

（　　　　）

④ 立春《りっしゅん》を 元日《がんじつ》と すると、せつ分《ぶん》は、何《なに》に なりますか。

（　　　　）

おうちの方へ

昔は節分は「立春・立夏・立秋・立冬」のそれぞれの前日を指していました。四つの季節の中で、冬は最も厳しい時期で、人々は春の来るのを待ちこがれていたことから、今では春を迎える節分のみが残ったのでしょう。冬のさ中の正月の年賀状に「初春の…」と書くのは、この立春のあいさつの名残りです。

【115ページの答《こた》え】①24　②1000　③順に　2・4・3・7　④2437

ナゾトキ☆クエスト ☆ にんじゃ へん

ステージ 3

答《こた》えが 大きい 方《ほう》の 道《みち》を 通《とお》って、ゴールに むかおう。

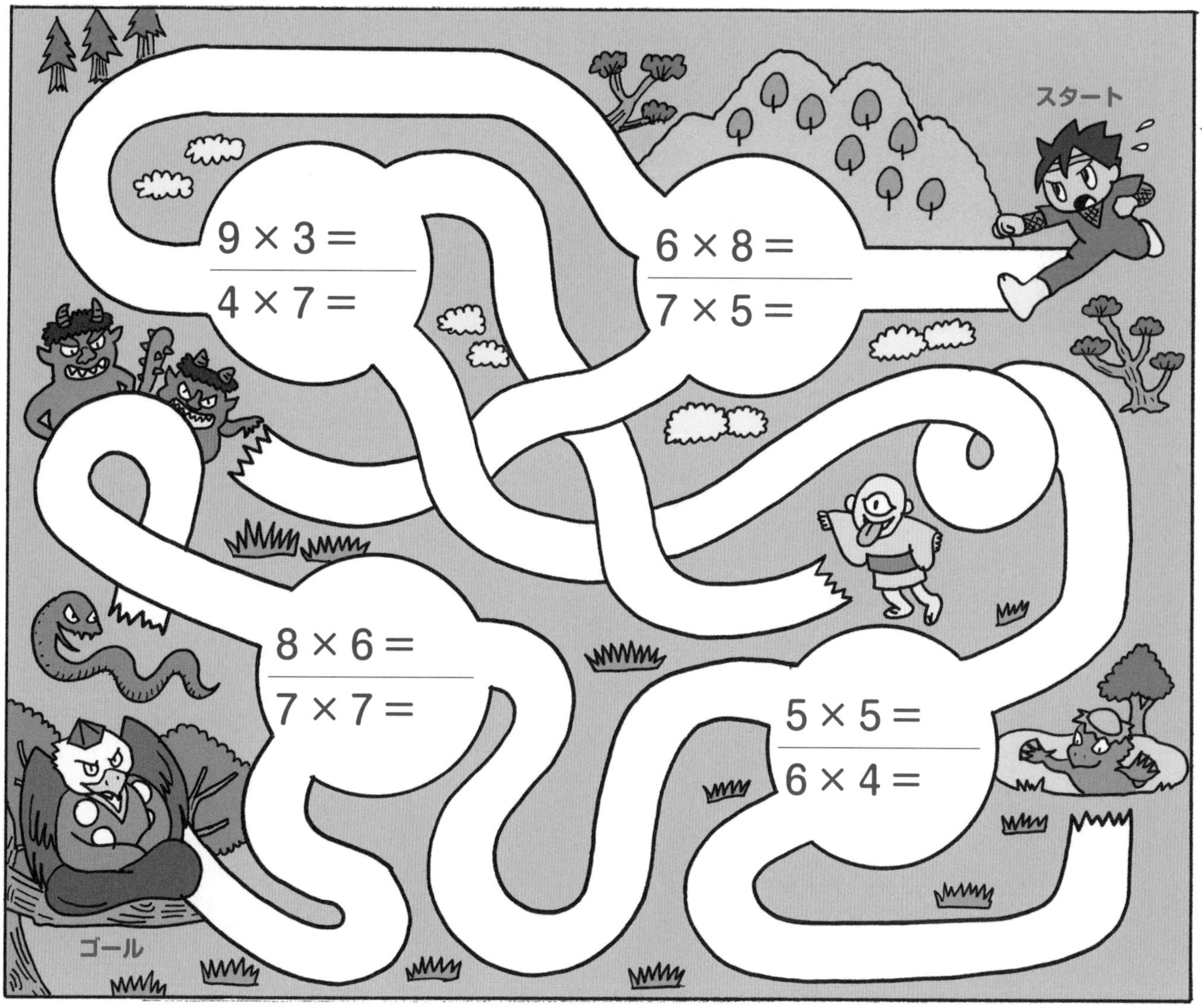

131ページに つづく。

答《こた》え

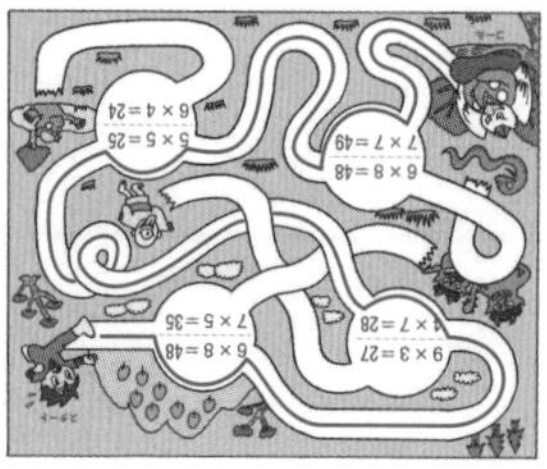

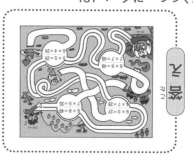

おまけ

● 絵《え》を　見て　□に　ことばを　入れましょう。

1

□くんが

畑《はたけ》で　□を

ほりました。

2

□よう日に　やきいもに

して　□ました。

答え

1 たろう　さつまいも

2 日　食べ

10000までの 数《かず》 2

べんきょうしたのは
月 日
おわったら色《いろ》ぬりしよう

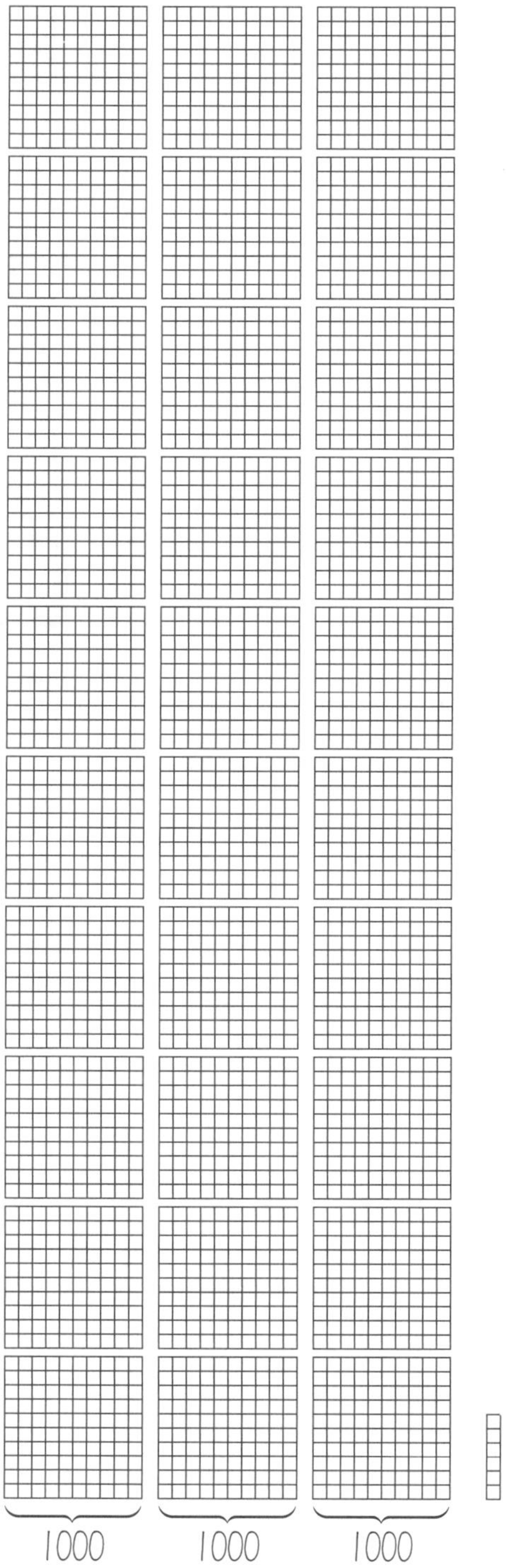

1000
1000
1000

左の 図《ず》を 見て 答《こた》えましょう。

① 千の あつまりは いくつでしょう。

(　　　)

② 一の あつまりは いくつでしょう。

(　　　)

③ 左の □の 数《かず》を 書《か》きましょう。

千の くらい	百の くらい	十の くらい	一の くらい

④ □は ぜんぶで いくつ あるでしょう。
数字《すうじ》で 書《か》きましょう。

(　　　)

三千六と
読《よ》みます。

● おうちの方へ ●

ここでは、百の位、十の位がない場合の数の書き方の学習です。数がない位（空位）には「0」を書くことを理解させることが大事です。

【120ページの答《こた》え】①おに（のせい） ②おにをおいはらい、新しい年をむかえようとしたから。
③大ずには、ふしぎな力があるとしんじられていたから。

読《よ》みとりもんだい 2

せつ明文《めいぶん》②

べんきょうしたのは　月　日

おわったら
色《いろ》ぬりしよう

せつ分《ぶん》 ⑵

むかしの　人びとは、びょう気や　けがなどの　わるい　ことが　おきるのは、みんなおにの　せいだと　考《かんがえ》ました。

そこで、せつ分《ぶん》、つまり、大みそかの　日の　夕方《ゆうがた》、まめまきを　して　おにを　おいはらい、新《あたら》しい　年を　むかえようと　したのです。

大《だい》ずと　いう　まめを　まいたのは、大《だい》ずが　えいように　とみ、体《からだ》の　力を　つけると　いう　ことから、大《だい》ずには　ふしぎな力が　あると　しんじられて　いたからです。

上の　文しょうを　読《よ》んで　答《こた》えましょう。

① むかしの　人びとは、わるい　ことが、何《なん》の　せいで　おきると　考《かんが》えて　いましたか。

（　　　　　　）

② まめまきを　したのは、なぜですか。

（　　　　　　）

③ 大《だい》ずを　まいたのは、なぜですか。

（大ずには、　　　　　　）

大《だい》ずは　えいようが　あって、体《からだ》を　強《つよ》く　するんだね。

● おうちの方へ ●

読み取りの問題の答えは、文中にあります。問いの中の言葉と同じ言葉が、上の文中のどこにあるかを見つけましょう。「なぜ～」と聞かれたら、「～（だ）から」と答えます。ここからの読み取り問題は、２年生の仕上げとして少しむずかしくしてあります。がんばって取り組みましょう。

【119ページの答《こた》え】①3　②6　③順に3・0・0・6　④3006

10000までの 数《かず》 3

べんきょうしたのは　□月　□日

おわったら色《いろ》ぬりしよう

つぎの 数《かず》を （　）に 数字《すうじ》で 書《か》きましょう。

①

1000 1000		10 10 10	1
千のくらい	百のくらい	十のくらい	一のくらい

（　　　　　）

②

1000 1000 1000	100 100 100 100	10 10	
千のくらい	百のくらい	十のくらい	一のくらい

（　　　　　）

③

1000 1000 1000 1000 1000	100 100 100 100 100 100		1 1
千のくらい	百のくらい	十のくらい	一のくらい

（　　　　　）

おうちの方へ

何もない位がある4けたの数の書き方です。「0」を書くことを意識づけましょう。

【122ページの答《こた》え】①㋐冬をすごすために　㋑（遠い遠い）北の国から　②生まれこきょうの北の国へ帰るから。
③白いつばさが春の光にかがやきました。

読《よ》みとりもんだい 3

もの語《がたり》文《ぶん》①

べんきょうしたのは　月　日

おわったら色《いろ》ぬりしよう

おおはくちょうの そら (1)

北海道《ほっかいどう》の みずうみには、ことしも たくさんの おおはくちょうが、冬《ふゆ》を すごしに来《き》て います。遠《とお》い 遠《とお》い 北《きた》の 国《くに》から、はるばる とんで 来《き》たのです。

クォーッ、クォーッ、クォーッ。

広《ひろ》い みずうみの あちこちから、鳴《な》きかわす 声《こえ》が 聞《き》こえて きます。きょうは 山の 雪《ゆき》が、いつもより かがやいて 見えました。春《はる》が すぐ そこまで やって きたのです。明《あか》るい 春《はる》の 空が 広《ひろ》がりました。おおはくちょうは いっせいに とび立ちました。生まれこきょうの 北《きた》の 国《くに》へ 帰《かえ》るのです。白い つばさが 春《はる》の 光《ひかり》に かがやきました。

上の 文しょうを 読《よ》んで 答《こた》えましょう。

① おおはくちょうは、何《なん》の ために どこから やって きたのですか。

㋐何《なん》の ために（　　　）

㋑どこから（　　　）

② おおはくちょうが いっせいに とび立ったのは なぜですか。

（　　　）

③ その時《とき》の おおはくちょうの ようすを 書《か》きましょう。

（　　　）

●おうちの方へ●

手島圭三郎作の「おおはくちょうのそら」からの出題です。はるばる北の国からやって来たはくちょうたちが、日本で冬をすごし、春になり北国へ帰る場面です。後から理由や説明を述べている「～のです。」という表現（3か所）に留意しながら読み取りましょう。（※原文はすべてひらがな。漢字は問題作成者により本誌用に用いた。）

【121ページの答《こた》え】①2031 ②3420 ③5602

10000までの 数《かず》 4

べんきょうしたのは
□月 □日
おわったら色《いろ》ぬりしよう

1. 数《かず》の 読《よ》み方《かた》を かん字で 書《か》きましょう。

① 1357
（千三百五十七）

② 5040
（　　　　）

③ 6520
（　　　　）

④ 9803
（　　　　）

⑤ 8001
（　　　　）

2. 数字《すうじ》で 書《か》きましょう。

① 六千八百七十一
② 四千二百六十八
③ 五千百二十
④ 八千六百五
⑤ 三千七

	千のくらい	百のくらい	十のくらい	一のくらい
①	6	8	7	1
②				
③				
④				
⑤				

おうちの方へ

1. の読み方は、声に出して確かめながら、発音のままを漢字で書かせるといいです。**2.** は、4つの枠□□□□に順に数字を入れていきます。「0」を忘れないように。

【124ページの答《こた》え】①元気いっぱい　②お父さん　③子どもがびょう気でとぶことができないから。
④お父さん

読《よ》みとりもんだい 4

もの語文《がたりぶん》②

べんきょうしたのは　月　日

おわったら
色《いろ》ぬりしよう

おおはくちょうの　そら　⑵

冬《ふゆ》の　間《あいだ》　じゅうぶん　体《からだ》を　休めた　おおはくちょうは、元気《げんき》いっぱい　とんで　ゆきます。お父《とう》さんが　先頭《せんとう》です。家《か》ぞくが　その　後《あと》に　つづきます。

夕《ゆう》ぐれが　おとずれました。くらく　なっても、まだ　出ぱつできない、六羽《ろくわ》の　家《か》ぞくが　ありました。子どもが　びょう気で、とぶ　ことが　できないのです。

なかまの　いなくなった　みずうみは　しずかです。お父《とう》さんは、びょう気の　子どもを　見ながら、いいました。

「この　子が　元気《げんき》に　なるまで、北《きた》の　国《くに》へ　帰《かえ》るのを　おくらせよう。」

お母《かあ》さんも　うなずきました。

（「おおはくちょうの　そら」手島　圭三郎・福武書店）

上の　文しょうを　読《よ》んで　答《こた》えましょう。

① 冬《ふゆ》の　間《あいだ》、体《からだ》を　休めた　おおはくちょうは、どんな　ようすで　とんで　ゆきますか。

（　　　　）

② だれが　先頭《せんとう》ですか。

（　　　　）

③ 六羽《ろくわ》の　家《か》ぞくは　なぜ　出ぱつできないのですか。

（　　　　）

④ 「帰《かえ》るのを　おくらせよう」と　言《い》ったのは、だれですか。

（　　　　）

おうちの方へ

③は、理由を後から説明している表現「～のです」を手がかりにしましょう。わたり鳥である白鳥の様子や家族愛を、情感豊かに描いた「おおはくちょうのそら」は北海道東部の湖で実際にあったことだそうです。この物語の続きを親子でいっしょに読むと、きっとその感動と余韻が長く心に残ることでしょう。

【123ページの答《こた》え】1．①千三百五十七　②五千四十　③六千五百二十　④九千八百三　⑤八千一
2．①6871　②4268　③5120　④8605　⑤3007

10000までの 数《かず》 5

べんきょうしたのは 月 日

おわったら色《いろ》ぬりしよう

つぎの 数《かず》を 数字《すうじ》で 書《か》きましょう。

① 1000を 3こ、100を 3こと、10を 9こと、1を 6こ 合《あ》わせた 数《かず》。

3396

② 1000を 5こ、100を 8こと、10を 3こ 合《あ》わせた 数《かず》。

③ 1000を 6こ、100を 7こ 合《あ》わせた 数《かず》。

④ 1000を 2こ、10を 5こと、1を 3こ 合《あ》わせた 数《かず》。

⑤ 1000を 7こ、1を 9こ 合《あ》わせた 数《かず》。

⑥ 1000を 4こ、10を 1こ 合《あ》わせた 数《かず》。

● おうちの方へ ●

②～⑥は、4つの枠に数を書くと空いているところが出てきます。どの位に数（0も含めて）を書くか、位取りに気をつけさせましょう。

【126ページの答《こた》え】(1)①ア ②イ ③イ ④ア ⑤イ ⑥ア (2)①~~は~~《わ》たし~~わ~~《は》、~~へ~~《え》んそくで と~~う~~《お》くの 山~~え~~《へ》 行く。
②~~を~~《お》ね~~い~~《え》さん~~わ~~《は》、~~を~~《お》やつ~~お~~《を》 ~~は~~《わ》けて くれた。

おさらい 1 かなづかい

べんきょうしたのは　月　日

おわったら色《いろ》ぬりしよう

(1) 正しい 方《ほう》に ○を つけましょう。

① ㋐（　）おうさま　㋑（　）おおさま

② ㋐（　）とうる　㋑（　）とおる

③ ㋐（　）かんずめ　㋑（　）かんづめ

④ ㋐（　）つまずく　㋑（　）つまづく

⑤ ㋐（　）ちじむ　㋑（　）ちぢむ

⑥ ㋐（　）こんにちは　㋑（　）こんにちわ

(2) まちがって いる 字に ×を つけて、よこに 正しく 書《か》き直《なお》しましょう。

① はたしわ、へんそくで とうくの 山え 行《い》く。（5こ）

② をねいさんわ、をやつお はけて くれた。（6こ）

● おうちの方へ ●

「お」の使い方は、「とおくの　おおきな　こおりの　上を　おおくの　おおかみ　とおずつ　とおった」と覚えましょう。二つの言葉が合わさって後の言葉がにごるものは、③のほかに「かた＋つける→かたづける」「みっか＋つき→みかづき」などがあります。「こんにちは」は「今日は～ですね」のあいさつの省略形です。

【125ページの答《こた》え】①3396　②5830　③6700　④2053　⑤7009　⑥4010

10000までの 数《かず》 6

べんきょうしたのは　月　日

おわったら色《いろ》ぬりしよう

上の 図《ず》を 見て 答《こた》えましょう。

① 1000の あつまりは 何《なん》こ ありますか。　（　　　）こ

千を 10こ あつめた 数《かず》を 一万《いちまん》（10000）と いいます。

② ・は 何《なん》こ ありますか。　（　　　）

③ 9999より 1 大きい 数《かず》。　（　　　）

おうちの方へ

一万は、千を10個集めた数、千の上の位ということを理解することが目標です。1000、2000、3000……10000と数えさせてみましょう。

【128ページの答《こた》え】(1)①わらいながら、 ②兄は、 (2)①ゆきちゃんに、「いっしょにあそぼう。」と、はるくんが言いました。 ②二人は、行きました。

おさらい 2 文につかう記《き》ごう（、。「」）

べんきょうしたのは　月　日

(1) 点《てん》（、）を 一つ うって、ちがう いみの 文を 二つ 作《つく》りましょう。

● 兄《あに》は わらいながら テレビを 見て いる 弟《おとうと》に 話《はな》しかけた。

① （わらっている のは、兄《あに》。）

② （わらっている のは、弟《おとうと》。）

(2) つぎの 文に 、。「」を つけましょう。

① となりの ゆきちゃんに いっしょに あそぼう と はるくんが 言《い》いました

（、が二つ 。が二つ 「」が一つ）

② 二人は 手を つないで 公園《こうえん》へ 行《い》きました

（、も 。も 一つずつ）

おわったら 色《いろ》ぬりしよう

● おうちの方へ ●

「、」の使い方はむずかしいものです。どこへ打つかで意味や感じ、強調する部分が変わってきます。「　」（会話文）の前には、必ずと言ってよいほど「、」がつきます。「　」の後の「と」のところには「、」がないときもありますが、「、」をつける場合の方が多いようです。

【127ページの答《こた》え】①10　②10000　③10000

10000までの 数《かず》 7

べんきょうしたのは

月　日

おわったら色《いろ》ぬりしよう

1. □に 数《かず》を 書《か》きましょう。

(1)

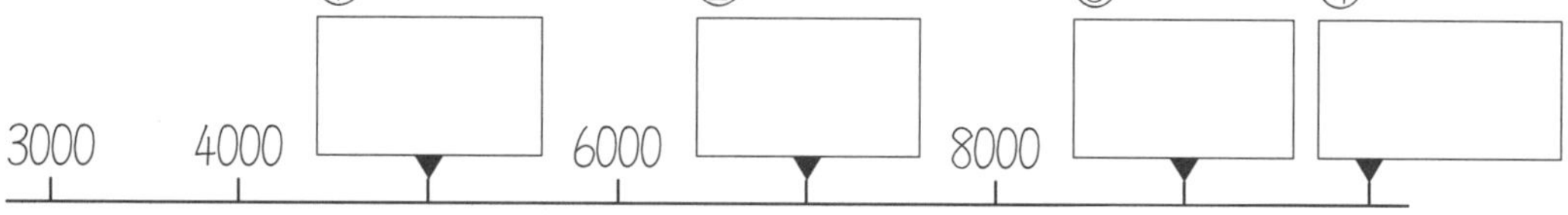

① ② ③ ④
3000
4000
6000
8000

(2)

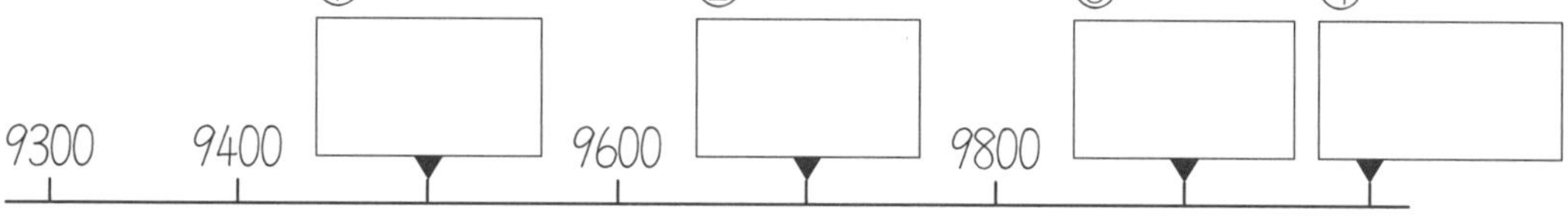

① ② ③ ④
9300
9400
9600
9800

(3)

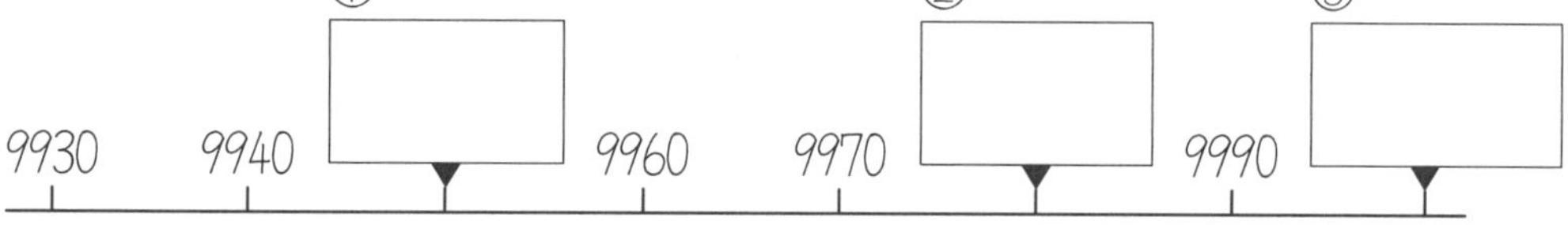

① ② ③
9930
9940
9960
9970
9990

(4)

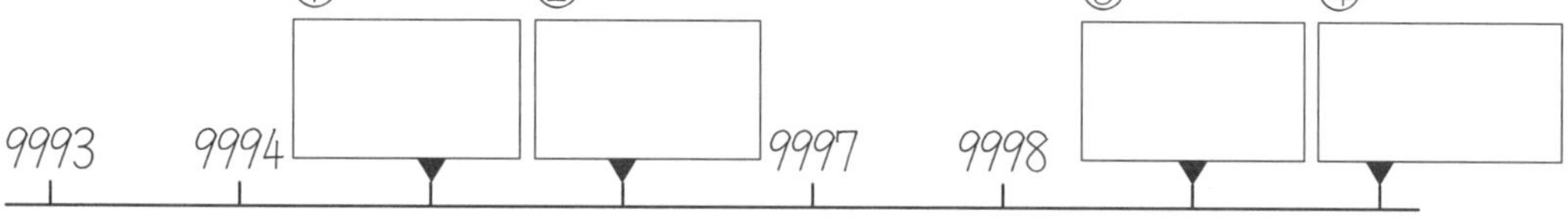

① ② ③ ④
9993
9994
9997
9998

2. つぎの 数《かず》を 書《か》きましょう。

① 5990より 10 大きい数《かず》。（　　　　）

② 7999より 1 大きい数《かず》。（　　　　）

③ 10000より 1 小さい数《かず》。（　　　　）

おうちの方へ

1. では、数直線で、1000ごと、100ごと、10ごと、１ごとに並べました。最後はみんな10000になります。

【130ページの答《こた》え】 (1)①雪が・ふる ②ぼくは・元気だ ③みかんは・くだものだ
(2)①つめたい・ぴゅうぴゅう ②あたたかい・ゆっくり

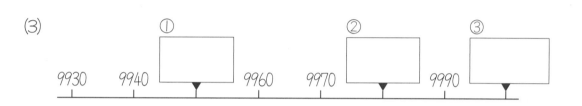

おさらい 3 主語《しゅご》・述語《じゅつご》・修《しゅう》しょく語《ご》

べんきょうしたのは　月　日

おわったら 色《いろ》ぬりしよう

(1) □に 合《あ》う ことばを、下の □から えらんで いみの つたわる 文に しましょう。

何《なに》が(は)・だれが(は)

(主《しゅ》語《ご》)　(述《じゅつ》語《ご》)

① □ — □。(どうする)

② □ — □。(どんなだ)

③ □ — □。(なんだ)

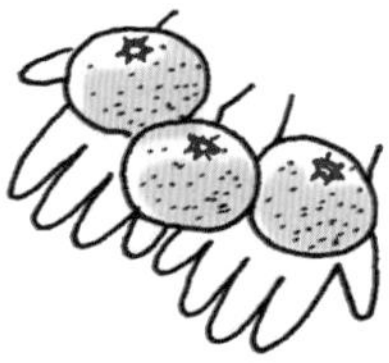

ぼくは　みかんは
ふる　元気《げんき》だ
くだものだ　雪《ゆき》が

(2) つぎの □に 入る ことばを、下の □から えらんで 書《か》きましょう。

① 北風《きたかぜ》が □ ふく。

② おゆに □ つかる。

ゆっくり
ぐんぐん
あたたかい
つめたい
ぴゅうぴゅう

おうちの方へ

(1)は、主語・述語の問題です。述語の部分から先に入れるとわかりやすいです。(2)は、修飾語の問題です。主語、述語それぞれを修飾する言葉を見つけましょう。

【129ページの答《こた》え】 1. (1)①5000 ②7000 ③9000 ④10000 (2)①9500 ②9700 ③9900 ④10000 (3)①9950 ②9980 ③10000 (4)①9995 ②9996 ③9999 ④10000
2. ①6000 ②8000 ③9999

大てんぐの　きりがくれの　じゅつだ！ 5000から、10000まで　じゅんに　線《せん》を　引《ひ》いて　大てんぐを　見つけよう。

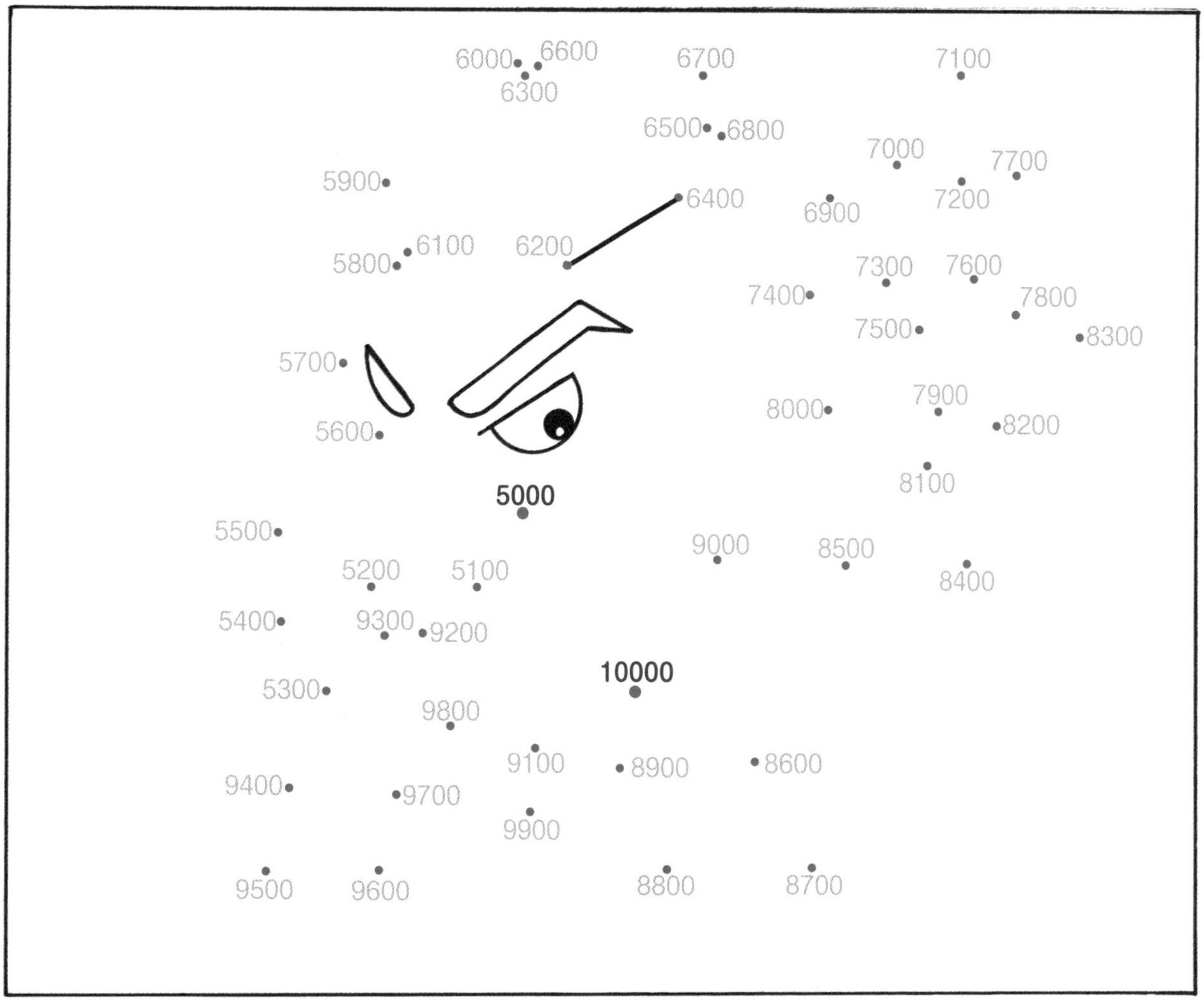

おしまい！

答《こた》え

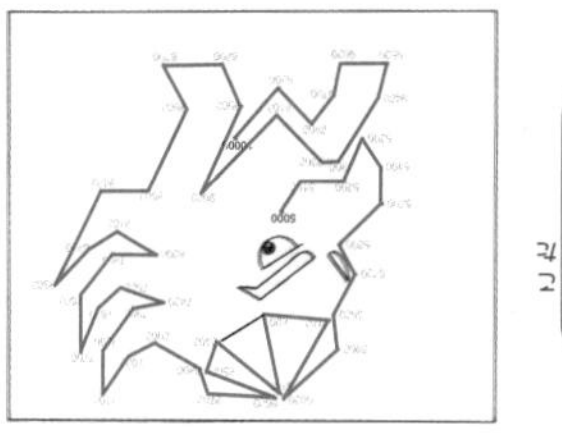

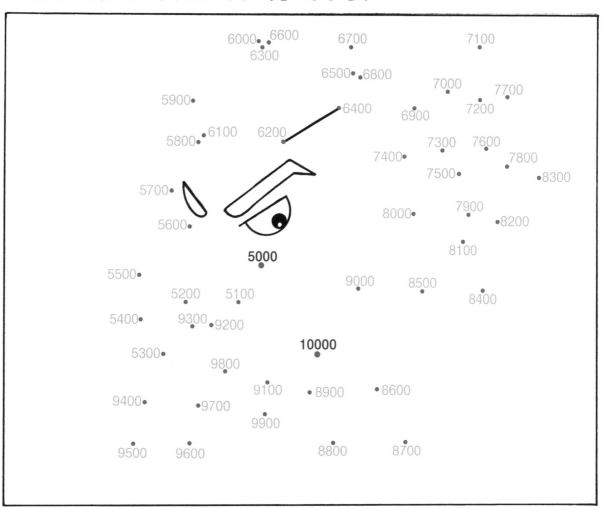

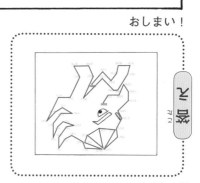

おまけ

① お正月に　かんけいあるものの　絵《え》です。ことばを　かんせいさせましょう。

お□そ

し□なわ

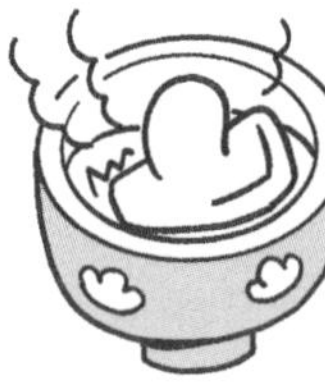

ぞ□に

はつもう□

□せち

② ①で、できた　文字を　ならべかえて、ことばを　作《つく》りましょう。

□□□□□

答え

① お[と]そ　し[め]なわ　ぞ[う]に　はつもう[で]　[お]せち

② [お][め][で][と][う]

はこの 形《かたち》 1

べんきょうしたのは　　月　　日

おわったら色《いろ》ぬりしよう

はこの　面《めん》の　形《かたち》を　紙《かみ》に　うつしとりました。

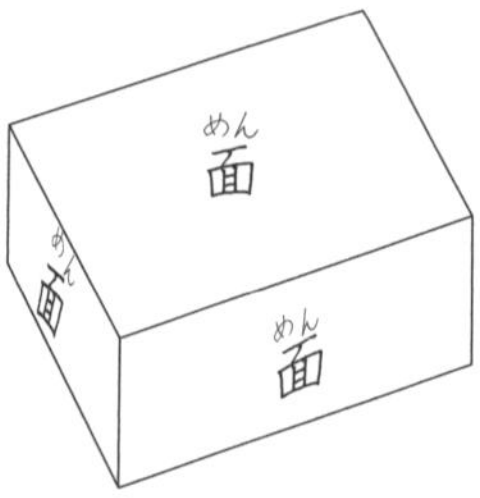

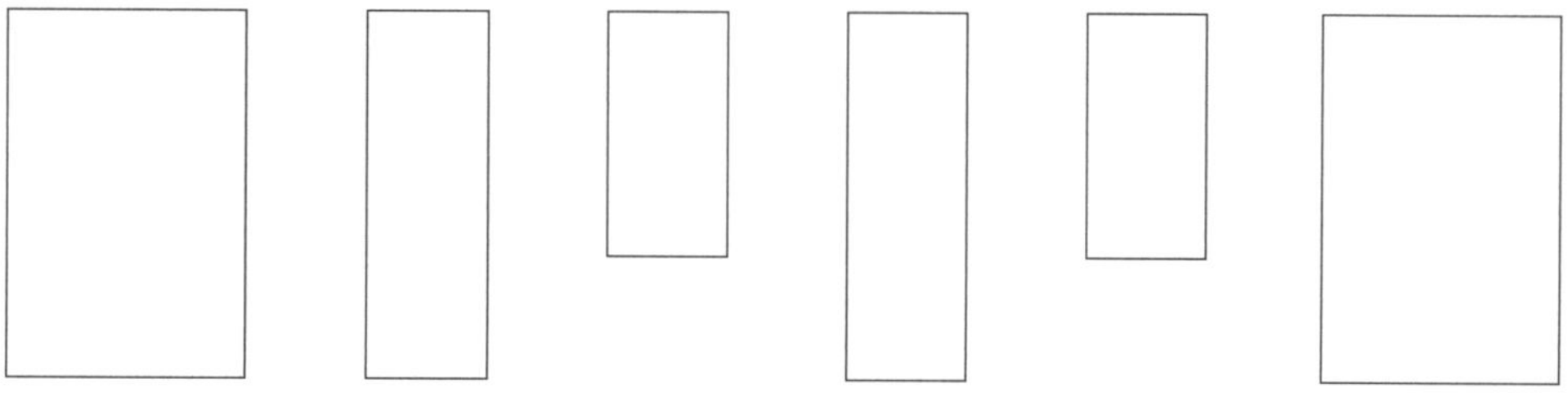

① うつしとった　面《めん》の　形《かたち》は、何《なん》という　四角形《しかくけい》ですか。

（　　　　　　　　）

② 面《めん》は　いくつ　ありますか。

（　　　　　　　　）

③ 同《おな》じ　大きさの　面《めん》は　いくつずつ　ありますか。

（　　　　　　ずつ）

おうちの方へ

家にある箱を上の図と同じようにばらばらに切り離して置くと形のイメージが残り、「面」についてよく理解できるでしょう。

むかしからの ことば 1

べんきょうしたのは　月　日

おわったら 色《いろ》ぬりしよう

「あなたは 何年生《なにどし》まれですか。」と たずねられた ことは ありませんか。

お母《かあ》さんが、

「あなたも わたしも おばあちゃんも とりよ。お父《とう》さんは、いぬね。」

と 言《い》いました。

むかし、年や 日を あらわすのに 十二の どうぶつを じゅんに 当《あ》てはめました（十二支《じゅうにし》）。また、時《じ》こくや 方角《ほうがく》を あらわすのにも つかわれて いました。

今《いま》でも、年がじょうに よく つかわれて います。

甲子園球場《こうしえんきゅうじょう》は 子《ね》（ねずみ）年に できたので、「子《ね》」の 字が つかわれて います。

●十二支《じゅうにし》に よる 方角《ほうがく》●

「ね」から 「い」まで じゅんに 何《なん》ども 読《よ》んで みましょう。

おうちの方へ

昔から使われていた言葉の中にはだんだん使われなくなっている言葉もあります。甲子園は甲子の年（十干十二支の初め）に作られました。「うしとら（艮）」の方角（北東）は鬼門《きもん》、「丑《うし》三つ時《どき》」は午前2時～2時半の夜中です。日本の昔からの文化に少しでもふれさせましょう。

【133ページの答《こた》え】①長方形 ②6（こ） ③2こ

はこの 形《かたち》 2

べんきょうしたのは　　月　　日

おわったら色ぬりしよう

竹ひごと　ねん土玉で、はこのような　形《かたち》を　作《つく》りました。

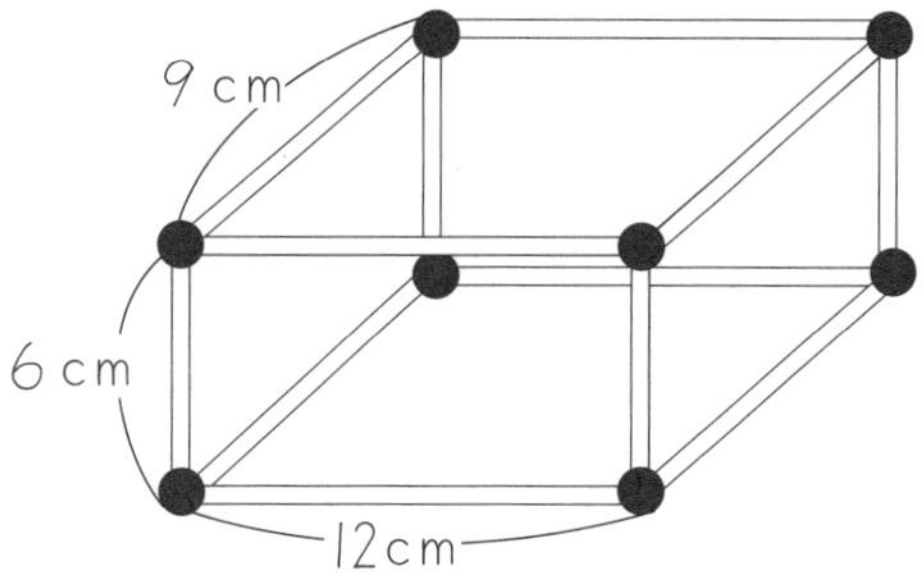

① つぎの　長《なが》さの　竹ひごを　何本《なんぼん》ずつ　つかっているでしょう。

㋐ 6cmの　竹ひご　（　　　　）本

㋑ 9cmの　竹ひご　（　　　　）本

㋒ 12cmの　竹ひご　（　　　　）本

上の　竹ひごに　あたる　ところを　**へん**と　いいます。
また、ねん土玉の　ところを　**ちょう点《てん》**と　いいます。

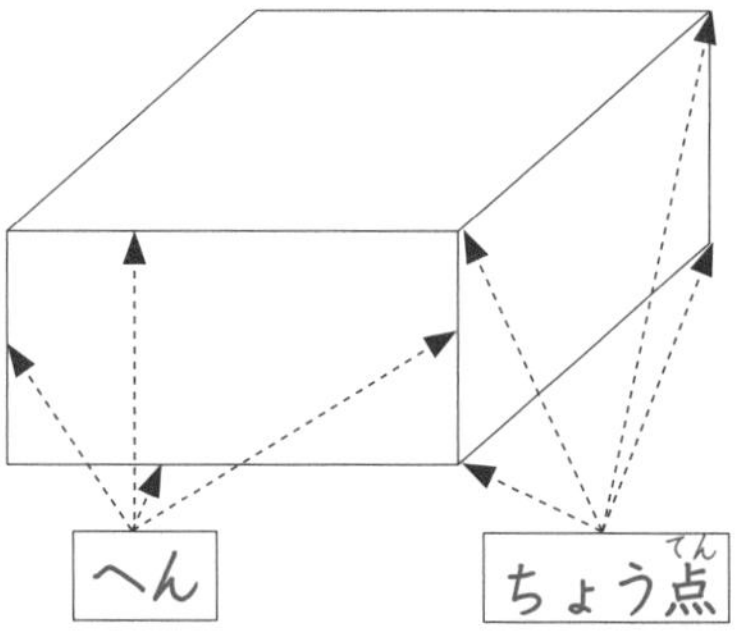

② はこの　形《かたち》には、へんや　ちょう点《てん》は　いくつ　あるでしょう。
上の　図《ず》で、見えない　ところも　考《かんが》えましょう。

㋐ へん（　　　　）　㋑ ちょう点《てん》（　　　　）

おうちの方へ

教科書やプリントでは立体を平面でしか表せないので、理解するのがむずかしいです。家でストローやセロテープなどを使って作らせてみると、理解が進みます。

【136ページの答《こた》え】

ん	わ	ら	や	ま	は	な	た	さ	か	あ
	ゐ	り	ー	み	ひ	に	ち	し	き	い
	ー	る	ゆ	む	ふ	ぬ	つ	す	く	う
	ゑ	れ	ー	め	へ	ね	て	せ	け	え
	を	ろ	よ	も	ほ	の	と	そ	こ	お

むかしからの ことば 2

むかしは、「いろはうた」で ひらがなを おぼえました。

① 「いろはうた」を 声《こえ》に 出して 読《よ》みましょう。

② 「いろはうた」を 下の 五十音図《ごじゅうおんず》に 一字ずつ 書《か》きましょう。

いろはうた
いろはにほへと
ちりぬるを
わかよたれそ
つねならむ
うゐ《い》のおくやま
けふこえて
あさきゆめみし
ゑ《え》ひもせす（ん）

〈やり方《かた》〉

① 上の「いろはうた」の 中から「あ」を 見つけよう。

② 見つけたら、下の 五十音図《ごじゅうおんず》に 書《か》きこもう。

③ 「いろはうた」の「あ」を 線《せん》を ひいて けそう。

④ じゅんに、「い・う・え・お」も、書《か》きこんで いこう。

⑤ となりの「か行《ぎょう》」「さ行《ぎょう》」と、どんどん すすめよう。

五十音図《ごじゅうおんず》

				ま		な		さ		あ
	ゐ		ー							
	ー									
	ゑ		ー							
	を									

べんきょうしたのは □月 □日

おわったら
色《いろ》ぬりしよう

● おうちの方へ ●

「いろは…」は、数十年前までは生活の中に生きていました。順番に並べたり、番号付けに「いろは…」が使われていました。また、一年のうちの「小の月（31日でない月）」は「にしむくさむらい」（2、4、6、9、11）などもよく言われていました。覚えておくと楽しい昔からの言葉にふれさせてください。

【135ページの答《こた》え】①㋐4 ㋑4 ㋒4 ②㋐12 ㋑8

まとめの テスト 1

べんきょうしたのは　月　日　／50点

(1) 三角形《さんかくけい》には　3、四角形《しかくけい》には　4、どちらでも　ない　形《かたち》には　×を
(　　)に　書《か》きましょう。　(20点) 5点×4

①(　　)　②(　　)　③(　　)　④(　　)

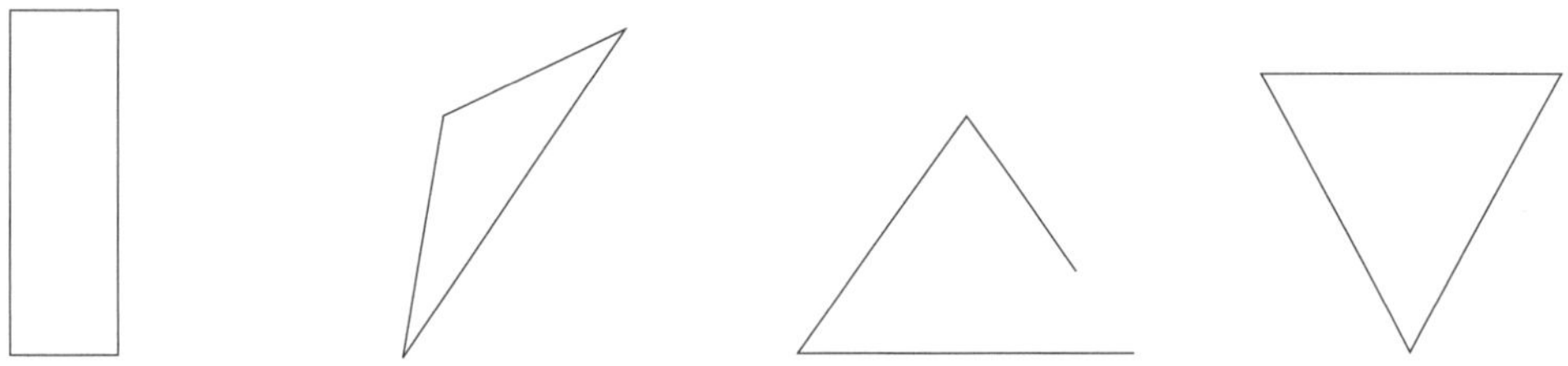

(2) つぎの　計算《けいさん》を　ひっ算《さん》で　しましょう。　(30点) 5点×6

① 75＋69　② 96＋7　③ 518＋25

④ 156－78　⑤ 106－9　⑥ 683－49

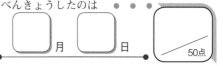

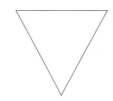

まとめの テスト1

□に かん字を 書《か》きましょう。〔 〕には、かん字と おくりがなを 書《か》きましょう。

（50点）一もん4点 ⑫のみ6点

べんきょうしたのは 月 日

50点

① □□（たいふう）

② □□（ほうがく）

③ □□（なんとう）もの 馬《うま》

④ □□（じかん）

⑤ □□（しんぶん）

⑥ 〔　　〕（かんがえる）

⑦ □□（しんせつ）

⑧ □□（やちょう）

⑨ 〔　　〕（かえる）

⑩ □□（かいがい）

⑪ □□（きせん）

⑫ □□□（ふるでんち）

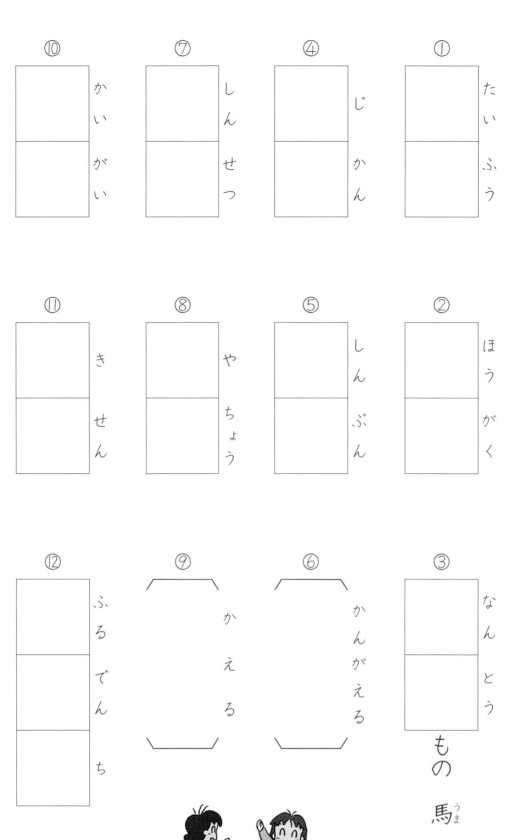

まとめの テスト 2

べんきょうしたのは　月　日　/50点

つぎの　マス計算《けいさん》を　しましょう。

（50点）1つ　まちがうと　2点引き

×	3	6	1	5	9	2	8	4	7	×
3のだん										3
1のだん										1
5のだん										5
2のだん										2
6のだん										6
7のだん										7
4のだん										4
9のだん										9
8のだん										8

※右らんの　数《かず》は、左ききの　子どもの　ために　書《か》いています。

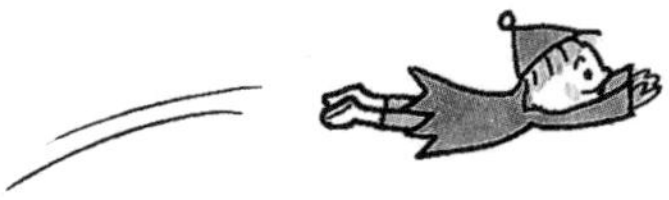

まとめの テスト 2

べんきょうしたのは　月　日

／50点

(1) つぎの ことばを かたかなで 書《か》きましょう。　（10点）一つ5点

① ぴゅうま

② じぇっとき

(2) つぎの つなぎことばの 正しい 方《ほう》に ○を つけましょう。　（20点）一つ10点

① りんごが すきですか。 ㋐（　）それとも、 ㋑（　）さて、 みかんが すきですか。

② かぜを ひきました。 ㋐（　）しかし、 ㋑（　）だから、 学校を 休みました。

(3) つぎの ことばを つかって 文を 作《つく》りましょう。　（20点）一つ10点

① （おいはらう・外《そと》・おに が・を・に・お父《とう》さん）→

② （入れる・兄《あに》・犬 が・を・に・小や）→

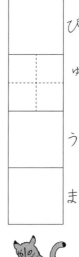

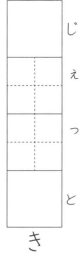

まとめの テスト 3

べんきょうしたのは 月 日 /50点

(1) つぎの ひっ算《さん》を しましょう。 (10点) 1つ5点

①

	1	4	8
＋		5	7

②

	1	0	2
−		9	6

(2) つぎの □に 長《なが》さの たんいを 書《か》きましょう。 (10点) 1つ5点

① 1 □ ＝100cm

② まどの よこの 長《なが》さは 1 □ 80 □ でした。

(3) つぎの 数《かず》を 数字《すうじ》で 書《か》きましょう。 (20点) 1つ5点

① 1万 (　　　　)　② 1000が10こ (　　　　)

③ 1000が2つ、10が3つ (　　　　)

④ 1000が2つ、100が7つ (　　　　)

(4) ミカンが 1パックに 7こずつ 入って います。5パックでは 何《なん》こでしょう。 (5点)

しき

答《こた》え ＿＿＿＿＿＿＿＿

(5) 公園《こうえん》で 何人《なんにん》か あそんで いました。そこへ 5人 あそびに きたので、みんなで 14人に なりました。はじめに 公園《こうえん》で あそんで いたのは 何人《なんにん》でしょう。 (5点)

しき

答《こた》え ＿＿＿＿＿＿＿＿

まとめの テスト 3

べんきょうしたのは　月　日

50点

(1) つぎの かん字の なかまの かん字を 書《か》きましょう。 (20点) 一つ4点

(ア) 一日の 時《とき》… 朝　①　②

(イ) 方角《ほうがく》… 東　③　④　⑤

(2) つぎの かん字の ぶ分《ぶん》と 合《あ》う いみや ぶ分《ぶん》を 線《せん》で むすびましょう。 (20点) ぜんぶできて 一つ10点

① 言 ・

② 辶 ・

・ ㋐「みちを 行《い》く」に かんけいが ある ・

・ ㋑「みず」に かんけいが ある ・

・ ㋒「ことば」に かんけいが ある ・

・ ㋐ 泉　氏　田

・ ㋑ 舌　売　吾

・ ㋒ 甬　袁　首

(3) 「いつ・どこで・だれが・何《なに》を・どうした」の 文を 作《つく》りましょう。 (10点)

【まとめの　テスト　答《こた》え】

桝谷雄三（ますや・ゆうぞう　教育士・学力の基礎をきたえどの子も伸ばす研究会）
影浦邦子（かげうら・くにこ　学力の基礎をきたえどの子も伸ばす研究会）

まとめの テスト 1

べんきょうしたのは　月　日　/50点

(1) 三角形《さんかくけい》には　3、四角形《しかくけい》には　4、どちらでも　ない　形《かたち》には　×を（　）に　書《か》きましょう。　(20点) 5点×4

①（4）　②（3）　③（×）　④（3）

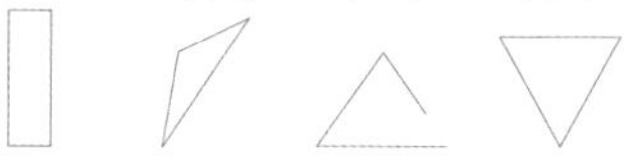

(2) つぎの　計算《けいさん》を　ひっ算《さん》で　しましょう。　(30点) 5点×6

① 75+69　　75 + 69 = 144

② 96+7　　96 + 7 = 103

③ 518+25　　518 + 25 = 543

④ 156−78　　156 − 78 = 78

⑤ 106−9　　106 − 9 = 97

⑥ 683−49　　683 − 49 = 634

137

まとめの テスト 2

べんきょうしたのは　月　日　/50点

つぎの　マス計算《けいさん》を　しましょう。

(50点) 1つ　まちがうと　2点引き

×	3	6	1	5	9	2	8	4	7	×
3のだん	9	18	3	15	27	6	24	12	21	3
1のだん	3	6	1	5	9	2	8	4	7	1
5のだん	15	30	5	25	45	10	40	20	35	5
2のだん	6	12	2	10	18	4	16	8	14	2
6のだん	18	36	6	30	54	12	48	24	42	6
7のだん	21	42	7	35	63	14	56	28	49	7
4のだん	12	24	4	20	36	8	32	16	28	4
9のだん	27	54	9	45	81	18	72	36	63	9
8のだん	24	48	8	40	72	16	64	32	56	8

※右らんの　数《かず》は、左ききの　子どもの　ために　書《か》いています。

139

まとめの テスト 3

べんきょうしたのは　月　日　/50点

(1) つぎの　ひっ算《さん》を　しましょう。　(10点) 1つ5点

① 148 + 57 = 205

② 102 − 96 = 6

(2) つぎの　□に　長《なが》さの　たんいを　書《か》きましょう。　(10点) 1つ5点

① 1 m =100cm

② まどの　よこの　長《なが》さは　1 m 80 cm でした。

(3) つぎの　数《かず》を　数字《すうじ》で　書《か》きましょう。　(20点) 1つ5点

① 1万（10000）　② 1000が10こ（10000）

③ 1000が2つ、10が3つ（2030）

④ 1000が2つ、100が7つ（2700）

(4) ミカンが　1パックに　7こずつ　入って　います。5パックでは何《なん》こでしょう。　(5点)

しき　7×5=35　　答《こた》え　35こ

(5) 公園《こうえん》で　何人《なんにん》か　あそんで　いました。そこへ　5人　あそびに　きたので、みんなで　14人に　なりました。はじめに　公園《こうえん》で　あそんで　いたのは何人《なんにん》でしょう。　(5点)

しき　14−5=9　　答《こた》え　9人

答えは143ページ

141

きりとり

【修了証申し込み】

勉《べん》強《きょう》したくなるプリント　後《こう》き／算数《さんすう》

学《がく》しゅうの記《き》ろく・2年生《ねんせい》

まとめのテスト　1	点《てん》
まとめのテスト　2	点《てん》
まとめのテスト　3	点《てん》
合《ごう》　計《けい》	点《てん》

おうちのひとのコメント　月　日

お子さんのお名前（ふりがな　　　　　　　　　　　）　保護者のお名前

住所　〒　　　　　　　　　　　　　　TEL

メールアドレス

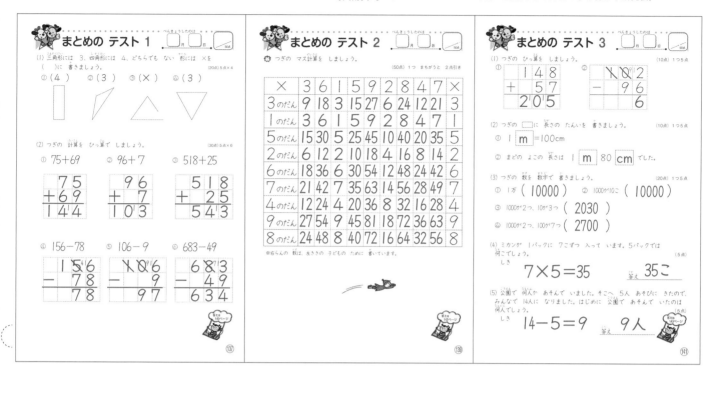

【まとめの　テスト　答《こた》え】

まとめの テスト 1

□に かん字を 書《か》きましょう。（　）には、かん字と おくりがなを 書《か》きましょう。

べんきょうしたのは　月　日

（50点）一もん4点　⑫のみ6点

① 台風《たいふう》
② 方角《ほうがく》
③ 何頭《なんとう》もの 馬《うま》
④ 時間《じかん》
⑤ 新聞《しんぶん》
⑥ （考える《かんがえる》）
⑦ 親切《しんせつ》
⑧ 野鳥《やちょう》
⑨ （帰る《かえる》）
⑩ 海外《かいがい》
⑪ 汽船《きせん》
⑫ 古電池《ふるでんち》

138

まとめの テスト 2

(1) つぎの ことばを かたかなで 書《か》きましょう。（10点）一つ5点

① ピューマ《ぴゅうま》
② ジェット《じぇっと》

(2) つぎの つなぎことばの 正しい 方《ほう》に ○を つけましょう。（20点）一つ10点

① りんごが すきですか。㋐（○）それとも、㋑（　）さて、みかんが すきですか。

② かぜを ひきました。㋐（　）しかし、㋑（○）だから、学校を 休みました。

(3) つぎの ことばを つかって 文を 作《つく》りましょう。（20点）一つ10点

①（おいはらう・外《そと》・おに・が・を・に・お父《とう》さん）→ お父さんが 外に おにを おいはらう。

②（入れる・兄《あに》・犬・が・を・に・小や）→ 兄が 犬を 小やに 入れる。

(3)の語順は入れかわっても可。

140

まとめの テスト 3

(1) つぎの かん字の なかまの かん字を 書《か》きましょう。（20点）一つ4点

(ア) 一日の 時《とき》… 朝 ① 昼 ② 夜

(イ) 方角《ほうがく》… 東 ③ 西 ④ 南 ⑤ 北

(2) つぎの かん字の ぶ分《ぶん》と 合《あ》う いみや ぶ分《ぶん》を 線《せん》で むすびましょう。（20点）ぜんぶできて一つ10点

① 言
② 辶

㋐「みちを 行く」に かんけいが ある
㋑「みず」に かんけいが ある
㋒「ことば」に かんけいが ある

㋐ 泉 氏 田
㋑ 舌 売 吾
㋒ 甬 袁 首

(3)「いつ・どこで・だれが・何《なに》を・どうした」の 文を 作《つく》りましょう。（10点）

りゃく

142

きりとり

【修了証申し込み】

がんばった 数《かず》だけ 色《いろ》を ぬろう。

勉強《べんきょう》したくなるプリント　後《こう》き／国語《こくご》

学《がく》しゅうの記《き》ろく・2年生《ねんせい》

まとめのテスト　1	点《てん》
まとめのテスト　2	点《てん》
まとめのテスト　3	点《てん》
合《ごう》　計《けい》	点《てん》

おうちのひとのコメント　　月　　日

国語だけの申し込みも可能です。
裏面に住所・氏名を記入して送付してください。